I0136728

LES FONDEMENTS

DE

LA MÉTAPHYSIQUE

PAR

B. CONTA

PARIS

ANCIENNE LIBRAIRIE GERMER BAILLIÈRE ET Cⁱᵉ

FÉLIX ALCAN, ÉDITEUR

108, BOULEVARD SAINT-GERMAIN, 108

—

1890

LES FONDEMENTS

DE

LA MÉTAPHYSIQUE

AUTRES OUVRAGES DE B. CONTA

TRADUITS EN FRANÇAIS

THÉORIE DU FATALISME. Essai de philosophie matérialiste. 1877, 1 vol. in-18. . . . . 4 fr.

INTRODUCTION A LA MÉTAPHYSIQUE. 1880, 1 vol. in-18 . 3 fr.

PREMIERS PRINCIPES COMPOSANT LE MONDE (Œuvre posthume inachevée). 1888, Iassy. Broch. . . . . 1 fr.

ORIGINE DES ESPÈCES. (Œuvre posthume incomplète.) Iassy, 1888, 1 vol. in-18. . . . . 2 fr.

EN PRÉPARATION

L'ONDULATION UNIVERSELLE, OU ÉVOLUTION ONDULIFORME. (Traduit du roumain.) 1 vol.

TOURS, IMPRIMERIE E. ARRAULT ET Cie

LES FONDEMENTS

DE

LA MÉTAPHYSIQUE

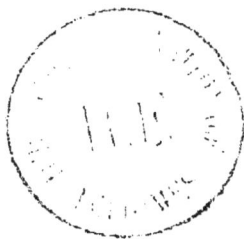

PAR

B. CONTA

Traduit du roumain par **D. TESCANU**

PARIS

ANCIENNE LIBRAIRIE GERMER BAILLIÈRE ET Cⁱᵉ

FÉLIX ALCAN, ÉDITEUR

108, BOULEVARD SAINT-GERMAIN, 108

—

1890

AVERTISSEMENT DU TRADUCTEUR

Dans son *Introduction à la Métaphysique* (Bruxelles, 1880, vol. in-16), Basile Conta parle d'un travail ultérieur dans lequel il devait exposer son propre système philosophique. Il avait en vue l'*Essai de Métaphysique*, complément naturel de l'Introduction historique. Malheureusement l'auteur est mort, en 1882, avant d'avoir achevé son livre. D'après une esquisse trouvée dans ses papiers, l'*Essai* aurait eu cinq chapitres : *Les Fondements de la Métaphysique ; le Monde ; l'Attraction et la Répulsion universelles ; l'Assimilation universelle*, et *l'Ondulation universelle.*

Le volume que nous offrons aujourd'hui au public français est la traduction du manuscrit roumain inédit, qui s'arrête brusquement au milieu du premier chapitre. Les matériaux des trois chapitres suivants sont en germe dans un vieux cahier (écrit en français), également incomplet, intitulé : *Premiers Prin-*

cipes composant le monde. C'est là la première forme qu'il avait essayé de donner à l'ensemble de ses conceptions métaphysiques. Mais la maladie s'en mêla, il dut renoncer pendant un certain temps à tout travail intellectuel. Lorsqu'il put reprendre la plume quelques années plus tard, ses idées s'étaient considérablement élargies. Mécontent de son ancien brouillon (surtout des parties relatives au Temps et à l'Espace), il l'abandonna, résolu à le refondre dans l'*Essai* qu'il venait de projeter. Outre cette première ébauche imprimée l'année dernière (1), malgré ses défauts, il y a quelques notes détachées, passablement informes, que nous réunissons dans un appendice. Quant au cinquième et dernier chapitre, les points principaux en sont nettement indiqués dans sa *Théorie de l'ondulation universelle*, série d'articles publiés en 1877 par la revue roumaine *Convorbiri literare*, et qui seront prochainement traduits et réunis en un volume accompagné d'une notice biographique.

T.

---

(1) *Premiers Principes composant le monde,* par B. Conta. Iassy, 1888, broch. in-12.

LES FONDEMENTS

LA MÉTAPHYSIQUE

CHAPITRE PREMIER

PLACE DE LA MÉTAPHYSIQUE PARMI LES SCIENCES

Me proposant de fixer le rôle de la Métaphysique en tant que discipline mentale, de déterminer le besoin intellectuel auquel elle répond, et de lui assigner une place parmi les sciences, je commencerai par rappeler quelques vérités psychologiques qui sont la base des connaissances humaines.

On admet généralement, aujourd'hui, que la connaissance se réduit à la perception d'une *dissemblance* ou d'une *ressemblance* entre deux ou plusieurs choses. Cela signifie que les choses doivent être au moins au nombre de deux pour qu'il y ait connaissance. Il nous serait impossible, malgré tous nos efforts, de réaliser pleinement dans la conscience l'idée d'un objet unique sans aucun rapport avec un autre. Nous ne pouvons nous rendre compte d'une chose, nous ne pouvons nous la représenter, nous ne pouvons la concevoir même vaguement, qu'en la comparant à une autre, et ce rapport, bien que susceptible de varier à l'infini, est un simple rapport de dissemblance ou de ressemblance. Les idées étant les représentations conscientes des choses, ce qui précède leur est applicable en tout point. L'opération intellectuelle consiste donc en dernière analyse à saisir une différence ou une ressemblance entre deux ou plusieurs idées.

La ressemblance ou la dissemblance étant plus ou moins grande selon les choses comparées, il s'ensuit que la nécessité intellectuelle qui nous fait concevoir cette dissemblance ou cette ressemblance nous fait également concevoir la dissemblance ou la ressemblance entre les divers genres ou degrés de dissemblance et de ressemblance. De là deux phénomènes intellectuels de la plus haute importance : la formation des idées générales, et la classification des choses ou plutôt des idées qui les représentent.

Voici pourquoi et comment se forment les idées générales.

Les choses qui se ressemblent *au même degré*, c'est-à-dire qui ont en commun un nombre déterminé de caractères, forment un seul groupe représenté dans l'esprit par une seule idée appelée générale, parce qu'elle représente simultanément toutes les unités du groupe. Ainsi, nous comprenons dans une seule idée générale, l'homme, tous les individus que nous avons vus ayant en commun un nombre déterminé de caractères physiques, moraux et intellectuels. Mais la raison principale de la formation des idées générales n'est pas encore là. Toutes les unités du groupe représenté par une idée générale diffèrent *au mên. > degré*, c'est-à-dire par le même nombre de caractères, d'une chose quelconque qui ne fait pas partie du groupe. En comparant, par exemple, chacun des individus compris dans l'idée générale « homme » avec tel reptile, on trouve pour chaque homme individuellement le même degré de différence ; c'est-à-dire que chaque individu humain a le même nombre de caractères qui manquent à l'individu reptile. En faisant la même comparaison avec tel objet en pierre, on trouve de nouveau le même degré de différence pour chaque individu humain, excepté que le nombre des caractères par lesquels chaque homme se distingue de l'objet en pierre est plus

grand que le nombre des caractères qui le distinguent du reptile. Les individus humains peuvent
donc se distinguer à un plus haut degré d'un certain
objet et à un degré moindre d'un autre ; mais, en
présence d'un seul et même objet, ils s'en distinguent
toujours au même degré. L'expérience journalière
et l'activité continuelle de notre esprit nous forcent
de comparer, presque sans cesse, les individus humains à quelque objet nouveau qui n'est pas un
homme ; et à chaque comparaison avec un seul et
même objet nous sommes obligés de constater le
même degré de différence pour tous les individus
humains. D'un autre côté, chaque constatation du
degré commun de dissemblance relativement à un
autre objet rappelle l'idée corrélative du degré commun de ressemblance entre tous ces individus. Il
s'ensuit que l'expérience continuelle, acquise au
sujet des individus humains, forme et grave dans
notre esprit l'idée de l'*unité du degré* de ressemblance entre eux et de dissemblance par rapport à
une autre chose. C'est dire que, de toutes nos connaissances relatives aux individus humains, l'*unité
du degré de ressemblance entre eux et de dissemblance par rapport à un autre objet* est l'élément
intellectuel le plus fréquemment gravé dans notre

intelligence par toutes les réflexions que nous suggèrent les individus humains. La répétition des expériences donne à cet élément intellectuel tant de relief, qu'il demeure alors même que se sont effacées toutes les images individuelles des hommes que nous avons vus. Il constitue l'idée générale « homme », idée qui, quoique contenant de très multiples représentations individuelles, n'en est pas moins *unique et indivisible*, parce qu'elle ne représente, en réalité, que le degré commun de ressemblance et respectivement de dissemblance, qui est un et identique pour tous les individus humains.

L'unité et l'indivisibilité de l'idée générale résultent donc de l'unité et de l'indivisibilité du degré de ressemblance et de dissemblance commun à tous les individus respectifs, et non, comme on le soutient ordinairement, d'une espèce de *fusion mentale* inexplicable des éléments multiples communs à tous les individus compris dans l'idée générale.

Parlons maintenant de la manière dont s'établit dans l'esprit la classification de toutes les choses, ou, pour mieux dire, de toutes les idées qui les représentent.

Les choses qui font partie de deux ou plusieurs groupes différents, représentés par autant d'idées

générales, peuvent se ressembler au *même degré*,
quoique naturellement à un *degré moindre* que ne
se ressemblent les unités contenues dans un seul
groupe. L'ensemble des choses déjà partagées en
plusieurs groupes forme alors un groupe supérieur
représenté par une idée générale supérieure, qui comprend toutes les idées générales représentées par les
groupes inférieurs. Exemple : Je suppose que, nous
trouvant pour la première fois en présence de divers
animaux, nous les ayons partagés, après examen, en
plusieurs groupes de même ordre représentés dans
notre esprit par tout autant d'idées générales, telles
que : homme, poisson, mollusque, etc. Nous ne tar-
derons pas à découvrir que les individus hommes,
poissons, mollusques, se ressemblent tous jusqu'à
un certain degré, mais moins que ne se ressemblent
les individus dans l'intérieur de chacun des groupes
hommes, poissons ou mollusques. Cela signifie que
le nombre des caractères communs à l'ensemble des
animaux étudiés est moindre que le nombre des
caractères communs aux seuls individus humains,
aux seuls individus poissons, ou aux seuls individus
mollusques. D'un autre côté, toutes les unités du
groupe supérieur représenté par une seule idée
générale supérieure se distinguent au *même degré*

d'un objet qui ne fait pas partie de ce groupe, quoique évidemment à un *degré moindre* que ne se distingue ce même objet des unités d'un groupe inférieur. Tous les individus hommes, poissons, mollusques, se distinguent au même degré de tel arbre, quoique moins que ne se distinguent du même arbre les seuls individus humains, par exemple, parce que les caractères communs à tous les individus hommes, poissons, mollusques, mais étrangers à l'arbre, sont moins nombreux que les caractères qui ne sont communs qu'aux individus humains et qui manquent également à l'arbre. Ayant ainsi constaté l'unité du degré de ressemblance et respectivement de dissemblance pour tous les individus hommes, poissons, mollusques, nous formons de leur ensemble un seul groupe supérieur représenté par une seule idée générale supérieure nommée « animal », qui contient toutes les idées générales représentées par les groupes respectifs hommes, poissons, mollusques.

De même que deux ou plusieurs groupes du premier degré en forment un du second degré, deux ou plusieurs groupes du second degré en forment un du troisième ; deux ou plusieurs du troisième degré forment un groupe du quatrième degré, etc. Deux ou plusieurs idées générales s'unissent ainsi en une

1.

seule idée générale ; deux ou plusieurs de ces dernières s'unissent en une seule idée plus générale encore, etc. Reprenant l'exemple ci-dessus, nous dirons : Le groupe supérieur des animaux forme, avec le groupe de même ordre des végétaux, le groupe plus vaste des êtres organiques, tandis que les idées déjà très générales « animal et végétal » s'unissent en une idée plus générale encore : « être organique ». Les êtres ou corps organiques forment à leur tour avec les corps inorganiques le groupe encore plus vaste des corps matériels, tandis que les idées si générales « corps organique » et « corps inorganique » s'unissent en une idée plus générale encore : « corps matériels », et ainsi de suite.

Nous sommes arrivés à ce résultat, que chaque groupe de choses et chaque idée générale correspond à un *degré déterminé* de ressemblance et de dissemblance entre les choses. Cette formule est importante et mérite l'attention. Il est certain que la ressemblance et la dissemblance peuvent croître ou décroître insensiblement, en passant par une série de degrés infiniment petits et infiniment nombreux. Mais, ne l'oublions pas, l'esprit humain n'est susceptible de renfermer qu'un nombre limité d'idées ; limité aussi est donc le nombre des degrés de ressemblance et de dissemblance qu'il est capable de contenir. En outre, l'expérience prouve que l'intelligence commence toujours, chez les enfants comme chez les hommes primitifs, par trouver très peu de différences entre les choses, partant, par concevoir fort peu d'espèces différentes. Plus l'intelligence se développe, et plus elle découvre de différences entre les choses ; plus elle avance dans l'analyse du monde, et plus elle multiplie les groupes de choses et de degrés de ressemblance, base de la classification. Il en résulte que le degré de ressemblance ou de dissemblance, qui correspond à une idée générale, n'a pas une valeur absolue, mais une valeur relative dépendant du degré de développement intellectuel, tellement que là où un esprit borné ne voit qu'un seul degré de ressemblance ou de dissemblance et ne perçoit, par conséquent, qu'une seule idée générale, une intelligence plus développée voit plusieurs degrés et conçoit plusieurs idées générales, hiérarchiquement classées.

Les exemples d'idées générales et de classification que nous avons donnés, se rapportaient à des objets qui ont ou que nous croyons avoir une existence individuelle dans le monde extérieur. Ajoutons que l'esprit humain généralise et classifie de la même manière les qualités des objets individuels et leurs mouvements, et les lois de ces mouvements ; en un mot toute chose dont il se fait une idée, quelque vague qu'elle soit.

On voit par là que la formation des idées générales et la classification des idées correspondent à deux tendances essentielles de l'intelligence : la généralisation ou *synthèse*, et la subdivision ou *analyse*. Chaque fois qu'un objet nouveau se présente à notre esprit, nous n'échappons aux tourments du doute et nous ne parvenons au contentement intellectuel qui suit la découverte de la vérité, que lorsque nous réussissons à placer cet objet sous une idée générale, et à le ranger dans une classe qui fait partie de la classification des choses déjà contenues dans notre esprit. Je ne saurais mieux éclairer cette vérité qu'en citant le passage suivant de M. Herbert Spencer, passage qui, du reste, a été écrit dans un autre but :

« Par un beau jour de septembre, en vous promenant dans les champs, vous entendez à quelques pas de vous un frôlement, et, portant les yeux du côté d'où vient ce bruit, vous y voyez les herbes agitées ; vous vous dirigez vers cet endroit pour apprendre la cause de ce mouvement. A votre approche, une perdrix s'enfuit dans un fossé. Voilà votre curiosité satisfaite, et vous avez ce que vous appelez une *explica-tion* de ce qui vous est apparu. Qu'est-ce qu'une explication? qu'est-ce qu'un signe? Durant toute la vie, nous avons eu des expériences sans nombre de dérangements de petits corps en repos, survenant à la suite du mouvement d'autres corps parmi eux ; nous avons généralisé la relation entre ces dérange-ments et ces mouvements, et nous considérons un dérangement particulier comme expliqué si nous trouvons qu'il présente un cas de la même relation. Supposons que vous ayez attrapé la perdrix et que vous vouliez savoir pourquoi elle n'a pas pris la fuite. Vous l'examinez, et vous trouvez quelque part une petite trace de sang sur ses plumes. Vous *compre-nez* maintenant, dites-vous, ce qui a empêché la per-drix de s'envoler. Elle a été blessée par un chasseur, et c'est un cas de plus qui s'ajoute aux cas déjà nom-breux que vous connaissez d'oiseaux tués ou blessés par un coup de fusil. Vous assimilez ce cas à d'autres ; c'est là ce que vous appelez le comprendre. Mais une difficulté se présente. Un seul coup a blessé la perdrix, et encore n'est-ce pas en un point essentiel à la vie ; les ailes sont intactes, ainsi que les muscles qui les mettent en jeu, et la pauvre bête prouve par ses grands efforts qu'elle a encore beaucoup de force.

Pourquoi donc, vous demandez-vous, ne vole-t-elle pas ? L'occasion qui vous sert vous amène un anatomiste, vous lui posez la question et il vous donne une *solution*. Il vous fait voir que ce coup unique qui a frappé la perdrix a passé précisément à l'endroit où les nerfs qui animent les muscles de l'une des ailes s'écartent de l'épine dorsale, et qu'une lésion légère de ces nerfs, ne portant même que sur un petit nombre de fibres, peut, en empêchant une coordination parfaite des actions des deux ailes, détruire la faculté de voler. Votre embarras cesse. Mais que s'est-il passé? qu'est-ce qui a changé votre état et vous a fait passer, de l'embarras où vous étiez en présence d'un fait, à l'intelligence de ce fait? Rien, sinon que vous avez découvert que vous pouvez ranger ce cas nouveau dans une classe de cas préalablement connus. La connexion entre les lésions du système nerveux et la paralysie des membres s'est déjà plusieurs fois présentée à votre connaissance ; et vous trouvez dans le cas présent une relation de cause à effet tout à fait semblable.

« Supposons que vous soyez conduit à faire de nouvelles études sur les actions organiques, qui ont sans doute toujours frappé votre esprit et mérité de fixer votre attention, mais que jusqu'ici vous n'avez pas eu souci de comprendre. Comment se fait la respiration ? Pourquoi, demandez-vous, l'air se précipite-t-il dans les poumons d'une manière périodique ? La réponse est que, chez les vertébrés supérieurs ainsi que chez nous, l'entrée de l'air est causée par un élargissement de la cavité thoracique dû en partie à l'abaissement du diaphragme, en partie à l'élévation des côtes. Mais comment l'élévation des côtes peut-elle élargir la cavité ? Pour vous répondre, l'anatomiste vous fait voir que le plan de chaque paire de côtes fait avec l'épine dorsale un angle aigu ; que cet angle s'élargit quand les extrémités mobiles des côtes s'élèvent ; et grâce à lui vous vous figurez la dilatation de la cavité qui résulte du jeu des côtes, parce que vous savez que l'aire d'un parallélogramme s'accroît à mesure que ses angles se rapprochent de l'angle droit. Vous comprenez ce fait particulier, dès que vous voyez qu'il est un cas d'une loi géométrique. Il se pose pourtant encore une question : Pourquoi l'air se précipite-t-il dans cette cavité élargie ? A cette question voici la réponse qui se présente. Lorsque la cavité thoracique est élargie, l'air contenu dans la cavité, subissant une pression moindre, se dilate et perd ainsi une partie de sa force de résistance; il en résulte qu'il oppose à la pression de l'air extérieur une pression moindre, et que l'air, comme tout autre fluide, pressant également dans toutes les directions, le mouvement doit se faire sur une ligne où la résistance est moindre que partout ailleurs. Voilà pourquoi le courant s'établit de dehors en dedans. Et vous reconnaissez que cette réponse est une *interprétation*, quand on vous cite des faits de même espèce produits plus clairement encore par un liquide visible tel que l'eau. Autre exemple : Quand on nous a fait voir que nos membres sont des leviers composés agissant tout à fait de la même manière que des leviers de fer ou de bois, nous pouvons nous croire en possession d'une raison qui explique en partie le mouvement des animaux. La contraction d'un muscle semble d'abord tout à fait inexplicable ; elle le sera moins quand vous aurez fait voir comment avec un courant galvanique on peut faire raccourcir une série d'aimants de fer doux, par l'effet de l'attraction de chaque aimant sur ses voisins. Cette analogie répond d'une manière spéciale au but de votre raisonnement, puisque, vraie ou imaginaire, elle donne un exemple de cette illumination mentale qui résulte de la découverte d'une classe de cas parmi lesquels un cas particulier pourra peut-être se placer. On remarquera encore combien, dans le cas que je viens de citer, on comprend mieux le phénomnne, dès qu'on se rappelle que l'action exercée par les nerfs sur les muscles, si elle n'est pas positivement électrique, est pourtant une forme de force très voisine de l'électricité. De même, quand nous apprenons que la chaleur animale tire son origine des combinaisons chimiques, nous comprenons qu'elle se développe comme la chaleur dans les autres opérations chimiques. Quand on nous dit que l'absorption des fluides nutritifs à travers les parois de l'intestin est un cas de l'action osmatique, que les changements subis par les aliments pendant la digestion sont semblables aux changements artificiels qu'on peut produire dans les laboratoires, nous nous considérons comme *connaissant* quelque chose de la nature de ces phénomènes.

« Voyons maintenant ce que nous avons fait. Revenons à la question générale, et marquons le point où ces interprétations successives nous ont conduits. Nous avons commencé par des faits tout à fait particuliers et concrets. En expliquant chacun d'eux et ensuite en expliquant les faits plus généraux dont ils sont des cas, nous sommes arrivés à certains faits très généraux : à un principe géométrique ou pro-

priété de l'espace, à une simple loi d'action méca-
nique, à une loi d'équi'ibre des fluides, à des vérités
de physique, de chimie, de thermologie, d'électricité.
Nous avons pris pour point de départ les phénomènes
particuliers, nous les avons rapportés à des groupes
de phénomènes de plus en plus larges, et, en les y
rapportant, nous sommes arrivés à des solutions qui
nous semblent d'autant plus profondes que l'opération a été poussée plus avant. Donner des explications encore plus profondes, ce serait seulement faire
de nouveaux pas dans la même direction. Si, par
exemple, on demande pourquoi la loi d'action du
levier est ce qu'elle est, ou pourquoi l'équilibre des
fluides et leurs mouvements présentent leurs relations actuelles, les mathématiciens répondent par la
découverte d'un principe également vrai pour les
fluides et pour les solides, d'un principe qui embrasse
tous les autres : celui des vitesses virtuelles. Pareil-
lement la connaissance approfondie des phénomènes
des combinaisons chimiques, de la chaleur, de l'électricité, etc., suppose que ces phénomènes ont une
raison qui, découverte, nous apparaîtra comme un
fait très général relatif à la constitution de la matière,
dont les faits chimiques, électriques et thermolo-
giques ne sont que des manifestations différentes.

« Cette opération est-elle limitée ou illimitée ? Pouvons-nous marcher toujours en expliquant les classes de faits, en les rapportant à des classes plus larges, ou devons-nous arriver à une classe plus large que toutes les autres ? D'un côté, la supposition que l'opération est illimitée, s'il y avait quelqu'un d'assez absurde pour la soutenir, impliquerait encore qu'une explication première ne peut être obtenue, puisque pour l'obtenir il faudrait un temps infini. D'un autre côté, la conclusion inévitable que l'opération est limitée (conclusion prouvée non seulement par les limites du champ d'observation qui s'ouvre devant nous, mais aussi par le décroissement du nombre des généralisations qui accompagnent nécessairement l'accroissement de leur largeur) implique également que le fait ultime ne peut être compris. En effet, si les généralisations toujours plus avancées qui constituent le progrès des sciences ne sont autre chose que des réductions successives de vérités spéciales à des vérités générales, et de celles-ci à de plus générales encore, il en résulte évidemment que la vérité la plus générale, ne pouvant être ramenée à une plus générale, ne peut être expliquée. Il est évident que, puisque la connaissance *la plus* générale à laquelle nous arrivons ne peut être réduite à une *plus* générale, elle ne peut être comprise. Donc, de toute nécessité, l'explication doit nous mettre en face de l'inexplicable. La vérité la plus avancée que nous puissions atteindre doit nécessairement être inexplicable. Le mot comprendre doit changer de sens avant que le fait ultime puisse être compris (1). »

Par la classification de toutes les choses dont nous nous faisons une idée, la totalité de nos connaissances constitue un système comparable à un arbre reposant sur ses branches comme une pyramide sur sa base. Les objets individuels que nous connaissons, ou que nous pouvons connaître par la perception directe des sens, constituent les dernières branches de l'arbre ou la base de la pyramide ; les idées de plus en plus générales sous lesquelles se groupent les connaissances purement expérimentales représentent les branches, qui deviennent de moins en moins nombreuses à mesure que nous approchons du tronc ; et enfin l'idée la plus générale et la plus abstraite, qui enveloppe toutes nos connaissances, constitue le tronc de l'arbre ou le sommet de la pyramide. Appelons ce système la pyramide des connaissances. Cette pyramide n'est pas immuable

---

(1) H. Spencer, *les Premiers Principes*, § 23, trad. française.

quant à sa grandeur. Elle grandit ou diminue selon que l'intelligence humaine progresse ou recule. Plus l'intelligence se développe, et plus sa force d'analyse et de synthèse augmente. En acquérant une puissance supérieure d'analyse, l'intelligence découvre entre les choses des différences qu'elle n'avait pas encore vues ; elle augmente, par des subdivisions, le nombre de toutes les classes de faits, et par conséquent elle augmente aussi le nombre des dernières classes qui se trouvent au bas de la pyramide, dont elle élargit ainsi la base et élève le sommet. D'un autre côté, plus l'intelligence devient capable de synthétiser, et plus elle découvre entre les choses des ressemblances nouvelles qu'elle n'avait pas aperçues jusque-là ; elle renforce, en même temps, les liens qui réunissent plusieurs classes inférieures en une seule classe supérieure ; elle découvre de nouveaux liens qui unissent en une seule classe supérieure plusieurs classes inférieures, qui passaient auparavant pour indépendantes ; et ainsi se trouve complétée et consolidée la pyramide des connaissances. Le contraire arrive quand l'intelligence rétrograde.

Il est à remarquer qu'un grand nombre de connaissances expérimentales de même espèce ne constitue pas par lui-même un progrès. L'intelligence ne gagne aucune idée neuve par le seul fait que s'est agrandi le nombre des objets individuels effectivement perçus par les sens, lesquels objets se groupent en une idée générale immédiate. Prenons un exemple. En ce qui concerne l'idée générale des eaux courantes, celui qui a vu cent rivières n'est pas nécessairement plus avancé que celui qui n'en a vu que dix. Le seul effet nécessaire de la multiplication des connaissances de même sorte est la consolidation et la classification des idées générales, formées antérieurement à l'aide de connaissances expérimentales moins nombreuses. Cependant, lorsque l'intelligence progresse (ce qui arrive aux individus et aux peuples qui s'acheminent vers la maturité, mais n'y sont pas encore parvenus), elle acquiert par l'exercice d'autant plus de force de compréhension, et elle a d'autant plus de chances de découvrir des différences entre des choses réputées semblables, que la multiplication des connaissances expérimentales est poussée plus loin. La multiplication des connaissances expérimentales ne donne donc lieu à la multiplication des idées générales, que chez une intelligence capable de gagner de nouvelles forces par l'exercice.

Ainsi, tant qu'elle progresse et qu'elle est soutenue

par l'expérience, l'intelligence élargit la base et élève le sommet de la pyramide des connaissances. On comprend que, quelle que soit sa croissance future, la pyramide sera toujours limitée, parce que l'intelligence humaine est destinée par nature à ne jamais pouvoir embrasser l'infini.

Nous avons vu jusqu'ici que l'intelligence ne considère une chose comme connue que lorsqu'elle la place dans une classe déterminée. Il en résulte que la recherche de la vérité touchant une chose ne consiste que dans la recherche de la classe dont cette chose doit faire partie. Abstraction faite du cas ordinaire où les choses perçues effectivement pour la première fois, offrant une parfaite similitude avec les choses déjà connues, sont rangées dans les classes respectives précédemment formées, on trouve que, pour tous les autres cas, la recherche et la découverte de la vérité ne peuvent se faire que par voie d'induction et par voie d'analyse.

Par l'induction, nous mettons les choses que nous n'avons jamais perçues effectivement, dans les classes déjà formées par les choses que nous avons antérieurement perçues d'une manière effective.

Des premières personnes que nous avons vues en réalité nous avons formé la classe des hommes, puis nous y avons ajouté les personnes nouvelles que nous avons successivement rencontrées dans la suite. Mais, comme il nous arrive chaque jour de voir d'autres personnes, nous concevons la possibilité d'un agrandissement indéfini de la classe des hommes. En d'autres termes, à côté des personnes que nous avons vues nous mettons un nombre indéfini de personnes que nous n'avons pas vues, mais à l'existence desquelles nous croyons, parce que l'expérience journalière nous les fait découvrir successivement ; et nous les considérons comme en tout semblables à celles que nous avons déjà vues, parce que l'expérience ne nous a pas encore prouvé le contraire. L'exemple que nous venons de donner s'applique à toutes les classes de choses, que ce soit des objets individuels, des qualités, des phénomènes, etc. Ayant donc conclu que les personnes que nous n'avons pas vues existent avec tous les caractères de celles que nous avons vues, nous concluons également que le soleil luira demain, comme il a lui hier ; qu'une température élevée dilate les corps que nous n'avons jamais vus, comme elle dilate ceux que nous avons vus ; qu'elle les dilatera et les uns et les autres dans l'avenir, comme elle les a dilatés dans le passé, etc., etc.

L'analogie est, pour la connaissance des caractères non encore observés d'une chose partiellement perçue, ce que l'induction est pour la connaissance des choses que nous n'avons jamais perçues, ni en partie, ni en entier. Quand pour la première fois, par exemple, nous découvrons un phénomène qui, de prime abord, ne ressemble en rien aux phénomènes déjà connus, nous cherchons à voir avec quels phénomènes connus.il a le plus de ressemblance ; et si nous constatons par la perception effective que le phénomène a $n - a$ de n caractères possédés par les phénomènes connus qui s'en rapprochent le plus, nous concluons, jusqu'à preuve du contraire, qu'il a aussi le reste de a caractères, et nous le plaçons en conséquence dans la même classe que les autres.

Les choses que nous connaissons par induction sont toujours définitivement rangées dans les classes respectives des choses perçues, parce que nous les croyons entièrement semblables à ces dernières. Il en est autrement des choses connues au moyen de l'analogie, ou perception effective mais incomplète des sens. Celles-ci ne sont le plus souvent que provisoirement rangées dans les classes respectives des choses connues par la perception complète ; car, ces deux catégories de choses étant données, il est rare que la perception effective ne constate pas dans l'ensemble de leurs caractères ici une ressemblance certaine, là une dissemblance. Le degré de cette dissemblance réelle ou apparente pouvant varier dans de très larges limites, la connaissance que nous fournit l'analogie peut aussi varier depuis la certitude la plus complète jusqu'à la probabilité la plus faible. Ainsi, la classification est définitive et la certitude complète pour deux espèces de choses : 1° celles que la perception effective déclare, de prime abord, entièrement ressemblantes à d'autres déjà complètement connues ; 2° celles qui offrent une ressemblance complète à laquelle nous *croyons*, tout en n'ayant constaté pour le moment que la ressemblance d'une partie de leurs caractères. Par contre, le moindre *doute* et la moindre réserve sur la complète ressemblance des choses donnent lieu à une classification provisoire, et par conséquent à une connaissance à l'état de probabilité. Dans ce cas, la connaissance acquise au moyen de l'analogie est une hypothèse plus ou moins probable, suivant que la ressemblance des choses comparées s'étend à un nombre plus ou moins grand de leurs caractères respectifs. La plupart des hypothèses se transforment d'ordinaire en certitude complète par l'expérience ultérieure. Voici, par exemple, un phénomène nouveau qui présente $n-a$ caractères appartenant à certains phénomènes déjà connus. Nous le rangeons provisoirement dans la classe de ces derniers ; autrement dit, nous ne les assimilons qu'hypothétiquement. Vienne l'expérience ultérieure qui confirme par une série de faits l'existence des a caractères restants, et l'hypothèse, rendue de plus en plus probable, se transformera finalement en vérité pleinement acquise. Le phénomène nouveau sera définitivement rangé dans la classe des phénomènes respectifs déjà connus, parce que son entière ressemblance avec eux aura été définitivement établie. Il va sans dire que, de même que l'expérience ultérieure nous aide à vérifier les hypothèses valides, de même elle nous aide à reconnaître la fausseté de celles qui ne correspondent pas à ce que nous appelons, nous, la réalité des choses.

A côté des hypothèses susceptibles de devenir plus tard des vérités certaines, il y a les hypothèses invérifiables. Elles se rapportent aux choses, qui, étant au delà des limites de la perception directe ou indirecte, ont un ou plusieurs caractères dont la vérification expérimentale est impossible. Il est bien entendu que telle hypothèse réputée aujourd'hui invérifiable peut arriver, grâce à de nouvelles découvertes, à être considérée comme vérifiable. En tout cas, les hypothèses invérifiables peuvent être directement même transformées en vérités certaines pour ceux qui ont l'habitude intellectuelle de donner à la vérité une base autre que la seule expérience. Cependant, ces hypothèses sont ordinairement plus éloignées de la certitude que les hypothèses vérifiables, et presque toutes se rapportent aux principes généraux : l'existence de Dieu, l'immortalité de l'âme, etc.

Enfin, au degré d'analogie le plus éloigné de la certitude, se trouve la métaphore. C'est une classification artificielle que nous employons en parfaite connaissance de cause, à seule fin de nous rendre compte des choses qui ne sont pas encore définitivement classées, et qui sont incompréhensibles autrement. Par la métaphore nous mettons provisoirement, dans une classe de choses entièrement connues, une chose peu connue qui a, pour sûr, quelque ressemblance avec les premières, mais qui, positivement aussi, ne leur ressemble pas entièrement ; nous jugeons par là que cette chose ne pourra jamais être assimilée aux autres, ni actuellement, ni plus tard, autant qu'il est possible de prévoir. La métaphore est ordinairement la première explication qui se' présente lorsque l'esprit s'occupe pour la première fois d'une chose entièrement inconnue, ou, pour le moins, inconnue du point de vue auquel on la considère. Pour s'expliquer la nature de l'amour, par exemple, un homme habitué à l'étude des forces physiques dira, au moment où il se posera la question : l'amour est pour les personnes qui s'aiment ce que le magnétisme est pour les morceaux de fer magnétisés qui s'attirent. Par cette métaphore, à côté de quelque ressemblance, on reconnaît aussi une grande différence entre l'amour et le magnétisme. Mais l'idée de la complète ressemblance de ces deux forces peut se présenter plus tard à l'esprit. Quoique la plupart des métaphores demeurent pour toujours dans leur état primitif, il en est qui se transforment, avec le temps, en hypothèses vérifiables de plus en plus probables, jusqu'à ce qu'elles arrivent à être des vérités certaines.

Ainsi donc, même la métaphore, cette explication rudimentaire d'une chose inconnue, n'est que la manifestation de la tendance constante de l'intelligence à classifier les choses pour les comprendre.

Ayant étudié les moyens par lesquels nous arrivons à la classification des choses, et par conséquent à leur compréhension, revenons à la pyramide des connaissances. Nous y distinguons les connaissances proprement dites et les quasi-connaissances.

2.

Les connaissances proprement dites sont celles qui résultent de la classification définitive des choses, ou de la classification provisoire qui pourra devenir définitive, à ce qu'on pense. La classification définitive s'obtient, nous l'avons vu, soit par la constatation expérimentale de la ressemblance complète des choses, soit par l'induction, soit par la simple croyance en une ressemblance complète non vérifiée par l'expérience. La classification provisoire, que l'on croit devoir devenir définitive, est celle que donnent les hypothèses vérifiables admises seulement comme vérités probables, jusqu'à preuve complète de leur conformité ou de leur non-conformité avec la réalité des choses. Ces connaissances constituent la science proprement dite (1).

Les quasi-connaissances naissent des métaphores qui n'expriment qu'une ressemblance partielle, et qui sont considérées comme ne devant jamais exprimer une entière ressemblance. Elles ont également pour origine les hypothèses invérifiables qui gardent

---

(1) La simple croyance à une ressemblance complète des choses ne devrait pas, d'après les positivistes orthodoxes, être comptée parmi les sources des vérités scientifiques, ces vérités devant toujours être complètement vérifiées par l'expérience. Cela n'empêche pourtant pas ces positivistes d'admettre comme point de départ et comme base scientifique plusieurs vérités qui ne reposent que sur la foi.

leurs caractères problématiques, et ne sont pas transformées par la foi en vérités certaines, c'est-à-dire en
classifications définitives. Aux quasi-connaissances
appartiennent les rêves poétiques, et en général les
créations imaginaires qui sont du domaine des
beaux-arts.

Les quasi-connaissances sont donc des classifications accidentelles et instables, qui se superposent
aux connaissances proprement dites. Quant à ces
dernières, ce sont les classifications les plus stables,
celles qui constituent, pour ainsi dire, la char-
pente et la moelle de la pyramide des connaissances.

Déterminons maintenant la place de la métaphysique parmi les sciences, et pour cela occupons-nous
des connaissances proprement dites, en laissant
de côté les quasi-connaissances.

A la base de la pyramide se trouvent nos sensations (images des objets individuels) groupées en idées
générales du premier degré. Ces idées, les plus nombreuses et les moins étendues dans leur sphère, sont
les notions les plus simples et les moins arbitraires
que nous ayons des choses ; exemples : montagne, lac,
feuille, etc. Elles forment le premier échelon. Ces idées
se groupent en un nombre moindre d'idées générales du second degré, lesquelles se groupent, à leur

tour, en un nombre plus petit encore d'idées générales du troisième degré, et ainsi de suite. Chaque idée générale de rang supérieur peut former le cadre d'une science. Car une science n'est, en définitive, qu'une vue d'ensemble succédant à une description détaillée et à une classification rigoureuse de toutes les choses comprises dans une idée générale supérieure ; c'est-à-dire que la science embrasse ces choses dans leur totalité, après qu'elles ont été subdivisées en groupes décroissants en correspondance avec les idées générales de plus en plus inférieures. Les domaines des différentes sciences se confondant avec les sphères des idées générales respectives, il s'ensuit que la hiérarchie scientifique est parallèle à la hiérarchie des idées générales. Ainsi, à un degré déjà très élevé se trouvent des sciences comme la cristallographie, qui décrit et classe les *corps* (objets individuels) dans le cadre de l'idée générale du cristal ; comme l'optique, qui décrit et classe les *phénomènes* de la lumière, c'est-à-dire ceux qui sont compris dans l'idée générale de la lumière considérée comme force, etc.

Les sciences qui occupent un même rang se réunissent pour constituer d'autres sciences moins nombreuses et aux domaines plus étendus, telles que la

minéralogie, la physique, la physiologie, la socio-
logie, etc. Celles-ci sont comprises, à leur tour, dans
des sciences encore plus générales, comme la philosophie des corps inorganiques et la biologie. Vient
ensuite la métaphysique placée au sommet de la
pyramide ; c'est la science qui tend à embrasser
toutes les connaissances humaines en une seule
pensée et dans la sphère d'une seule idée universelle.

Mais précisément parce qu'elle domine l'ensemble
des conceptions humaines, la métaphysique n'est
que partiellement une science ; elle commence, en
effet, ses investigations dans le domaine des connaissances proprement dites, et les continue nécessairement dans le domaine des quasi-connaissances.
Voici comment. La métaphysique se comporte en
science proprement dite lorsque, pour expliquer
les vérités scientifiques les plus élevées et les plus
générales, elle constate leur ressemblance à certains points de vue, et les groupe définitivement
toutes en une seule classe représentée par un seul
principe universel. Mais la métaphysique ne saurait
plus se comporter en science proprement dite, lorsqu'elle veut expliquer de la même manière le principe universel dans lequel elle a fondu toutes les vérités scientifiques ; car, une explication scientifique

exigerait que le principe universel fût mis dans une
classe où l'on rencontrerait d'autres principes similaires, ce qui est devenu impossible par la fusion
même de toutes les vérités en un seul principe.
Quoiqu'il soit impossible à la métaphysique d'expliquer scientifiquement le monde, elle doit cependant
chercher au moins à rendre intelligible le principe
universel, qui est en définitive l'objet de ses investigations. Dans ce but, elle cherche et trouve des rapports d'analogie entre le principe universel et certaines idées générales ou même certains objets individuels ; puis, grâce à leur assimilation incomplète,
elle forme des classifications exclusivement basées
sur des métaphores reconnues comme telles et sur
des hypothèses invérifiables. C'est dire que la métaphysique se sert de ces classifications incomplètes
que nous avons appelées quasi-connaissances. Citons
quelques exemples. La métaphysique spiritualiste-
monothéiste rapporte tous les phénomènes et toute
activité à un principe unique, l'esprit universel ;
elle déclare ensuite que cet esprit a la forme et
les qualités morales et intellectuelles d'un être
humain, mais à un degré de perfection infiniment
plus grand. Cette assimilation partielle est une
métaphore qui se présente comme une hypothèse

invérifiable, en tant qu'elle prétend montrer et déterminer tous les caractères du principe universel. La métaphysique spiritualiste-panthéiste, en n'attribuant à l'esprit universel que quelques-uns des caractères moraux et intellectuels de l'homme, sans lui attribuer la forme corporelle et limitée, ne fait qu'user de la même métaphore, quoique à un degré supérieur de ressemblance. Enfin la métaphysique matérialiste, qui réduit tout à une substance matérielle universelle, n'a qu'un moyen d'expliquer la nature et son activité : elle enseigne que la substance se compose — jusqu'au fond de l'infiniment petit — de corps distincts, à trois dimensions et séparés les uns des autres ; elle ajoute que ces corps, animés d'un mouvement perpétuel, s'influencent réciproquement par le choc ou autrement, et produisent ainsi tous les phénomènes de l'univers. Ici encore il n'y a qu'une métaphore qui se présente comme une hypothèse invérifiable. Les éléments derniers de l'univers, qui nous sont absolument inaccessibles, sont assimilés, au point de vue de la forme, de la consistance et de l'activité, aux corps que nous voyons journellement s'influencer par le choc ou autrement ; quant au point de vue de l'espace, de l'étendue et du temps dans lesquels ils existent, ces éléments demeurent inassimilés.

Observons que l'homme, avant détablir ses com
paraisons métaphoriques en métaphysique, conclut
par une induction, la plupart du temps inconsciente,
de la majorité des choses qui préoccupent son esprit
au caractère du principe universel, ou, ce qui revient
au même, du caractère de la plus grande partie de
l'univers au caractère de l'univers entier. Ainsi,
celui qui se trouve dans un état relativement inférieur de civilisation conçoit le principe universel
selon le mode spiritualiste, c'est-à-dire sous la forme
d'un être personnel qui a plus ou moins les caractères de l'homme (lequel est toujours supposé avoir
une volonté libre), parce que son intélligence est
occupée en majeure partie de sa propre personne,
de ses semblables et des actions humaines ; tandis
que l'homme arrivé à un degré supérieur de culture
conçoit le principe universel d'une façon matérialiste, c'est-à-dire sous la forme d'une infinité de corps
inanimés qui se meuvent éternellement suivant des
lois fatales, parce que son esprit s'occupe presque
exclusivement des phénomènes qui se manifestent
dans les différents corps indépendamment de toute
volonté humaine.

Il faut observer encore que, dans toutes ces hypothèses invérifiables, la représentation du principe

universel n'est qu'une combinaison de l'idée de l'infini avec les caractères des choses sensibles qui servent comme terme de comparaison métaphorique. Car, d'une part, l'univers entier ne peut tenir que dans la conception de l'infini, et, d'autre part, la substance qui donne un corps à l'univers entier ne peut se distinguer de celle qui remplit une portion de l'univers : les choses sensibles que nous connaissons, par exemple. Cela vient de ce que, par la formation de la pyramide des connaissances , nous sommes déjà arrivés à la nécessité de concevoir une substance unique ou un seul principe pour tout l'univers. Mais, du moment qu'on peut donner certaines explications sur le principe universel, par le seul fait qu'on donne les dimensions de l'infini à des choses ou à des caractères sensibles et limités, on comprend qu'on peut aller fort loin avec la conceptibilité des éléments de l'univers. On peut dépasser les limites que M. Spencer semble marquer dans le passage que nous avons reproduit.

En portant ses investigations dans le domaine des quasi-connaissances, la métaphysique devient donc une espèce de poésie scientifique qui crée autant de quasi-vérités qu'en exige la constitution intellectuelle du penseur. L'imagination peut aller bien loin dans cette direction ; elle laisse derrière elle les dernières connaissances positives, pénètre dans l'intimité de la substance qui constitue l'univers, et s'enfonce dans le temps et l'espace infinis. Elle finit cependant par se heurter, elle aussi, à une borne infranchissable. L'imagination a comme point d'appui et comme point de départ les connaissances positives, et force est à ses créations de se tenir dans une zone déterminée. Une comparaison fera mieux saisir ma pensée. En supposant que le globe terrestre représente la sphère des connaissances positives , l'atmosphère sera la circonférence limite des œuvres de l'imagination. Plus la sphère des connaissances positives sera grande, plus s'élargira aussi le champ de l'imagination.

Les domaines de toutes les sciences se concentrent dans la sphère des connaissances positives, de même que ceux des beaux-arts occupent la sphère des créations imaginaires. La métaphysique touche donc aux beaux-arts par sa partie tout à fait hypothétique, fruit de l'imagination. En cela le métaphysicien est un artiste, inconscient peut-être, qui façonne son œuvre selon son goût personnel, ou, comme on dirait dans le langage artistique, selon l'idéal qu'il a conçu.

Comme conclusion générale, disons que la métaphysique, par le fait même qu'elle embrasse l'ensemble des méditations humaines, est à la fois une science et un art (1).

(1) Voir mon *Introduction à la Métaphysique*, à la fin.

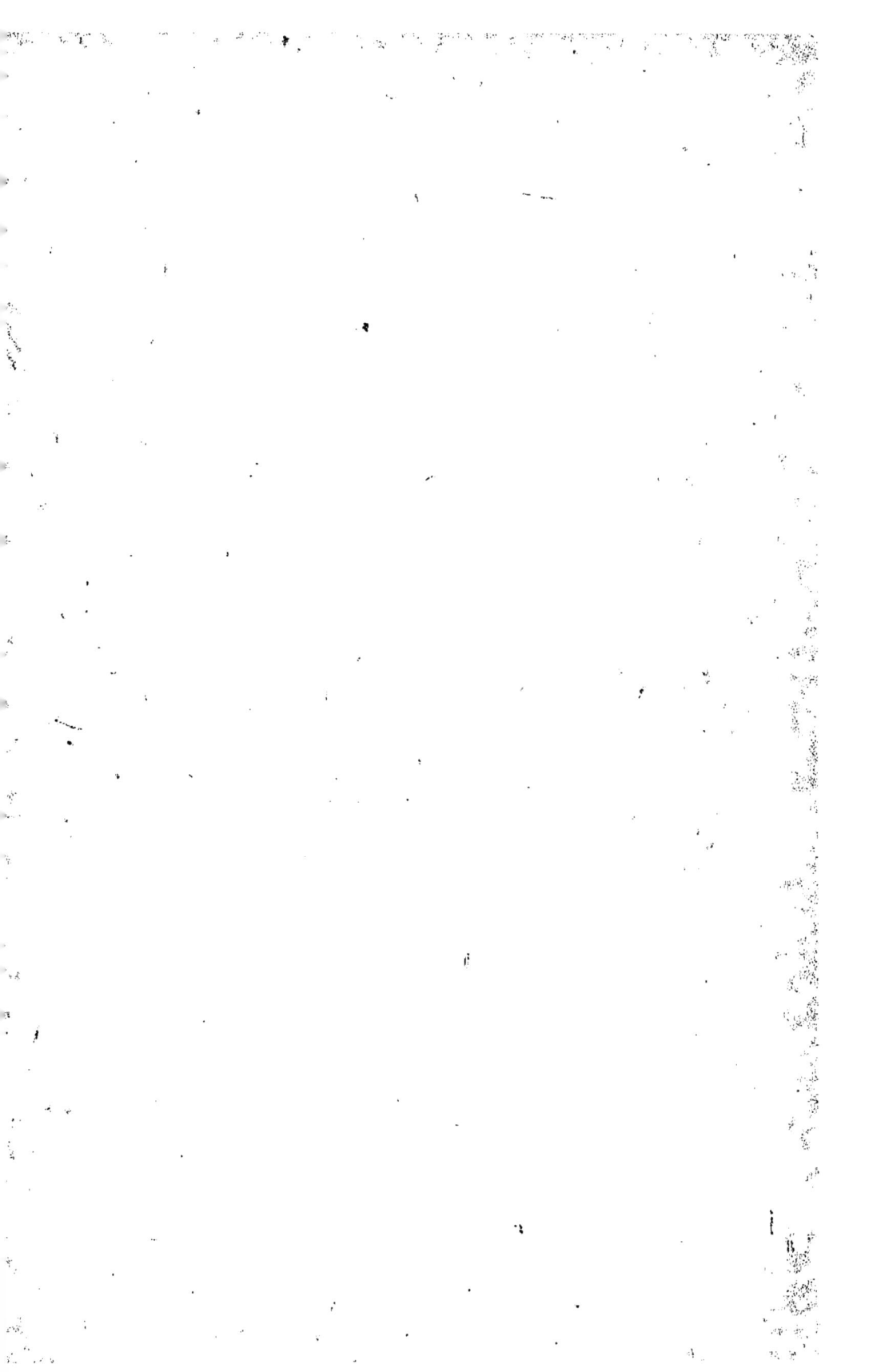

CHAPITRE II

Nous avons vu que dans toute notre activité intellectuelle se manifeste la tendance à réduire les connaissances à l'unité ; que la même nécessité mentale qui nous force à grouper en une seule idée générale plusieurs faits particuliers, nous force à comprendre toutes les sciences en une seule conception. En vain on se refuserait à unifier toutes les sciences par la généralisation, comme en vain on se refuserait à concevoir une seule idée générale pour tous les faits particuliers qui ont des caractères communs : semblable aux flots contre lesquels on lutte, la généralisation revient dans notre esprit avec d'autant plus d'acharnement qu'on l'a repoussée plus violemment. Contrairement à ce que soutiennent certains positivistes, la métaphysique s'impose à tout penseur comme une nécessité intellectuelle. Cela ne signifie pas, cependant, que les vérités métaphysiques s'im-

posent avec le même degré de certitude que les
vérités fournies par les sciences particulières ; car
plus nous nous éloignons de la constatation directe
des sens, plus nous nous élevons des vérités particulières aux vérités générales, et plus les connaissances
acquises deviennen. moins évidentes, moins certaines.
Voilà pourquoi la métaphysique, par cela même qu'elle
occupe le faîte de la pensée, ne nous donne que les
vérités les moins certaines. Cela étant, voyons
quelles sont les recherches qui lui appartiennent.

Pour arriver à la conception unitaire de l'univers
basée sur la totalité des connaissances humaines, la
métaphysique doit s'occuper :

a). De l'examen de la validité de nos connaissances
au point de vue de leur véracité et de leur conformité
avec la réalité ;

b). De la détermination et de l'explication des
caractères communs à toutes les choses, tels que la
substance, la cause, la forme, etc. ;

c). De la réduction à l'unité de toutes les choses et
de toutes les connaissances, soit en groupant sous
un seul principe universel tous les principes issus
des sciences positives, soit en concevant tous autres
rapports qui font de l'univers un seul tout organique ;

d). De l'établissement d'hypothèses vérifial ɔ ou même invérifiables (ces dernières surtout) dont la probabilité soit basée sur les résultats des sciences particulières positives, hypothèses qui soient en même temps les plus propres à constituer un système métaphysique complet sur le monde considéré comme un tout organique, et à rendre intelligibles dans ce système le plus de conceptions sur le monde.

N'ayant pas l'intention d'écrire un traité complet de métaphysique, ni par conséquent de traiter toutes ces questions, je me bornerai, dans cette étude, aux problèmes métaphysiques au sujet desquels je crois pouvoir émettre une opinion distincte, en tout ou en partie, des opinions déjà formulées.

§ 1. — *L'Existence.*

La croyance que *quelque chose* existe se confond, en principe, avec la conscience même ; car celle-ci n'est, en dernière analyse, que l'expression intellectuelle de l'existence. La négation de toute existence est donc une contradiction dans les termes, et par suite une impossibilité intellectuelle, puisque toute science a pour point de départ la conscience.

La conscience témoigne non seulement de son existence propre, mais aussi de l'existence d'une multitude d'autres choses dont l'ensemble constitue le monde tel qu'il nous apparaît. De ce qu'il nous est impossible de nier le monde dans son entier, s'ensuit-il que nous ne puissions nier quelques-unes de ses parties ? Nier l'existence de quelques-unes des choses affirmées par la conscience comme existantes, serait faire une distinction entre elles juste au point de vue auquel elles ne se distinguent pas en réalité, c'est-à-dire quant au témoignage de la conscience, dernière preuve de l'existence. D'un autre côté, toutes les choses que notre conscience témoigne comme existantes se présupposent les unes les autres, c'est-à-dire sont enchaînées de telle façon que l'apparition de l'une dans la conscience entraîne l'apparition successive de toutes les autres ; et c'est précisément cette liaison indissoluble des représentations de notre conscience qui constitue l'unité de cette dernière, l'unité de ce que nous appelons le *moi*.

Les idéalistes subjectivistes, qui n'admettent que l'existence du monde intérieur, s'abusent eux-mêmes. Le même sort attend les philosophes qui admettent une partie des témoignages de la conscience et nient absolument le reste. Les uns et les autres prennent

pour point de départ une idée, qui en présuppose
beaucoup d'autres, mais qu'ils considèrent, par abstraction, comme entièrement indépendante, ce
qui les conduit justement à nier l'existence des
choses dont la représentation consciente a déterminé et conditionné l'idée d'où ils sont partis. Psy-
chologiquement, la méprise s'explique par le fait que
l'attention est incapable de se diriger simultanément
vers plusieurs objets. Celui qui regarde attenti-
vement un paysage ne songe plus au reste du monde;
celui qui poursuit une idée oublie temporairement
qu'il y a d'autres idées unies à la première par les
liens indissolubles de coexistence. Mais l'oubli momen-
tané engendre quelquefois, chez certaines personnes
et dans certaines circonstances, l'oubli permanent,
surtout quand la fréquence des expériences ou des
pensées identiques est de nature à transformer une
impression passagère en habitude intellectuelle.
Cette méprise a été plus apparente chez les philosophes qui n'avaient pas clairement conscience de l'enchaînement de toutes nos idées. Mais nul ne lui
échappe complètement, parce que nul n'est capable
de concentrer son attention sur tous les points du
monde. Si, de plus, nous tenons compte aussi bien
de l'imperfection humaine que de la diversité des

constitutions mentales, nous voyons que, tandis que
l'un est déterminé par son organisation propre à
considérer exclusivement telles ou telles choses, un
autre sera déterminé à suivre une voie toute différente;
celui-ci concevra avec force ce que celui-là saisira à
peine, et *vice versa*. Partant de là, faut-il s'étonner
qu'aucune philosophie générale n'ait réuni tous les
suffrages ; que nul penseur n'ait évité les criti-
ques d'un autre penseur ; que tout philosophe ait
ainsi expié la faute d'avoir oublié les idées contraires
à son système, tout en ayant mis sa métaphysique en
harmonie avec les idées présentes dans son esprit ?
Pas plus qu'un autre, je n'ai la prétention d'avoir
échappé à la faiblesse dont je viens de parler : affirmer que je n'ai pas pu me contredire serait, assurément, me contredire moi-même.

On caractériserait bien l'enchaînement des idées
qui font l'unité de la conscience en disant que l'ensemble des conceptions d'une personne forment un tout
organique tel que chaque idée présuppose les autres,
c'est-à-dire que chacune n'existe qu'en tant que les
autres la conditionnent. Cette vérité, susceptible
d'être prouvée par la simple analyse intellectuelle,
s'accorde parfaitement avec l'hypothèse matérialiste
selon laquelle l'âme n'est que le fonctionnement

général du cerveau, chaque partie de l'âme que le fonctionnement d'une partie du cerveau. En effet, si chaque fibre ou cellule cérébrales n'existe et ne se meut (ne fonctionne) qu'en tant qu'elle est déterminée et conditionnée par les autres fibres ou cellules, avec lesquelles elle constitue un seul tout organique, le cerveau, il est certain aussi que chaque idée, qui ne peut être que le fonctionnement d'un sous-organe donné, fibre ou cellule, ne peut exister qu'en corrélation avec les autres idées produites par le fonctionnement d'autres sous-organes cérébraux.

Tout cela prouve que ce serait tomber dans l'arbitraire que de nier absolument l'existence d'un des objets dont l'existence nous est révélée par la conscience, laissée à son état *normal*. J'entends qu'il nous est impossible de nier l'existence même des choses que nous parvenons, par un effort intellectuel, à nous figurer comme non existantes : l'espace et le temps, par exemple, mais que la conscience admet de nouveau dès que l'effort a cessé. Ne l'oublions pas : si l'effort réussit quelquefois, c'est grâce à une tension de la faculté d'abstraire une chose d'une autre coprésente dans la conscience ; encore faut-il que la tension soit poussée jusqu'au point d'oublier entièrement la conception à éliminer. Mais, faire abstraction d'une chose, afin de mieux concentrer toute son attention sur une autre coprésente dans la conscience, ne signifie pas que la première est annihilée.

J'essaierai maintenant d'arriver au même résultat en procédant à la façon de ceux qui, partant de l'existence d'une chose donnée, concluent à l'existence ou à la non-existence des autres choses. Seulement, si j'admets une vérité donnée comme point de départ, et si je la considère comme indépendante, ce ne sera qu'à titre provisoire, jusqu'à ce que j'aie déduit des vérités qui, à leur tour, engendreront et conditionneront la première. Nous aurons ainsi une nouvelle preuve de l'enchaînement indissoluble de toutes les idées, et par conséquent de toutes les existences représentées dans la conscience ; d'où nous conclurons que les témoignages de la conscience sont indéniables.

Je suppose que, pour moi individuellement, mon *moi* soit la seule chose absolument certaine, et que j'ignore si le reste (y compris mon corps) existe ou non réellement. L'activité de mon *moi* se manifeste cependant par des sensations, par des émotions, par des pensées et surtout par des volitions. Ces facultés existent donc au moins comme forme de l'activité de mon *moi*, avec lequel elles composent mon monde intérieur ou subjectif. Donc ce monde existe. Quant au monde extérieur ou objectif, que je ne trouve représenté dans ma conscience que comme objet de ma pensée dont le sujet est toujours mon *moi*, il pourrait être une création de ce *moi*, dans le seul but de rendre la pensée possible, en lui fournissant un sujet et un objet. Mais voici la volonté qui lève tous les doutes.

Dans la plupart des cas, lorsque mon *moi* manifeste une activité volontaire, il rencontre une résistance qui provient d'autre chose ou de quelqu'un d'autre que lui, du moment qu'il s'efforce de vaincre l'obstacle auquel il cède à la fin. Ainsi, par exemple, lorsque je veux avoir la sensation du mouvement en agitant les organes réels ou imaginaires que j'appelle mes bras, je ne puis me procurer cette sensation que pendant un temps déterminé ; après quoi je ressens une fatigue dans les bras, c'est-à-dire une résistance qui finit par triompher de ma volonté. Si je veux transpercer ce que j'appelle un corps solide avec ce que j'appelle mon bras, celui-ci s'arrête à la surface du corps solide malgré ma volonté qui tente en vain d'arriver à son but. Si je veux me procurer la sensation du rouge, et qu'à cette fin je meus ce que j'ap-

pelle mes yeux, il arrive que je reçois, sans le vou-
loir, la sensation du vert unie à la sensation d'un
arbre qui apparaît aussi contre ma volonté dans la
direction de mon regard, etc., etc. Cela signifie qu'il
y a quelque chose en dehors de mon *moi*, quelque
chose qui s'oppose à son activité et lutte contre lui ;
cela veut dire que les sensation, des choses nommées
extérieures, — et mes organes sont de ce nombre, —
ne sont pas des choses imaginaires créées d'emblée
par mon *moi*, mais sont imposées contre sa volonté
par quelque chose d'extérieur, mon corps ou d'autres
objets.

Donc le monde extérieur existe. Mais il n'est pas
simple et homogène ; car, en m'affectant comme
cause, il produit des effets ou impressions très divers
non seulement sur mes différents sens, mais aussi
sur le même sens. Une cause devant toujours avoir
le même effet, il est certain qu'il y a plusieurs causes
du moment que je perçois plusieurs effets. Le monde
extérieur est composé de beaucoup d'éléments, ou
tout au moins souffre une multitude de modifications,
puisque je perçois un grand nombre de phénomènes
variés qui s'y rapportent.

Quelle est la valeur intrinsèque de mes connaissances relatives au monde extérieur ? Nous l'avons

dit, toute connaissance n'est en dernière analyse que
la perception d'une ressemblance ou d'une différence,
ou qu'un degré de ressemblance et de différence.
Les effets que le monde produit sur moi, devant être
tout aussi ressemblants ou dissemblants que les
causes qui les engendrent, la perception des effets
est tout aussi valable que la perception des causes
et la classification des premiers est forcément identique à la classification des secondes. La science n'est
qu'une classification selon les degrés de ressemblance
ou de dissemblance ; il s'ensuit que le monde extérieur peut me fournir une connaissance aussi complète que celle qui a sa source dans le monde
intérieur, ni plus ni moins.

La perception, l'analogie et l'induction, telle est
la triple source des connaissances ; la déduction ne
sert qu'à développer dans la conscience les connaissances précédemment acquises, quelque vagues et
obscures qu'elles soient, même celles qui sont inconscientes et sous-entendues. Je connais une chose
par la perception effective complète quand je la
perçois au moyen de mes sens dans toutes ses
parties. Je connais de même une série de choses
ou un tout lorsque je perçois chacune des choses
dont se compose la série ou le tout. Mais, cette

connaissance acquise, il me suffit, une autre fois, de percevoir une ou quelques-unes des parties pour conclure, par induction ou par analogie, à l'existence des autres choses qui complètent le tout ou la série. Dans le paragraphe suivant je m'occuperai de la valeur de l'induction et de l'analogie ; pour le moment, je me borne à admettre ces deux moyens d'acquérir les connaissances comme tout aussi légitimes que la perception effective.

Par la perception effective et complète je connais une foule de choses du monde extérieur, entre autres mon propre corps et beaucoup d'autres corps exactement semblables au mien. Et comme je constate par mes sens internes et externes que mon corps est indissolublement lié à mon *moi*, j'en conclus que les autres corps qui ressemblent au mien ont également chacun leur *moi*. Lorsque ces corps se trouvent avec le mien en présence du même phénomène extérieur, ils font les mêmes gestes que mon propre corps, lequel manifeste par ses mouvements l'impression intérieure que m'a faite ce phénomène. J'en conclus que l'impression (sensation, émotion, idée, détermination) que ce phénomène a faite sur mon *moi* a été faite aussi şur les *moi* des corps qui ont exécuté des mouvements externes identiques aux miens. Ainsi donc, ces corps avec leurs *moi* sont des hommes exactement comme moi. Je puis mettre à profit leur expérience en me basant sur la mienne propre. Et en effet, quel que soit en réalité le monde intérieur des autres et quelle que soit sa manière d'être, il me suffit de remarquer une seule fois le mouvement corporel que détermine chez eux tel phénomène extérieur dont je suis témoin ; et chaque fois que je verrai se reproduire, chez quelqu'un, le geste qui a précédemment accompagné le fait extérieur, je saurai que ce dernier s'est reproduit aussi, bien qu'à ce moment-là je ne le perçoive pas effectivement. La reproduction des mouvements expressifs du corps a aussi pour cause le souvenir des phénomènes, c'est-à-dire la reproduction des impressions dues aux phénomènes passés. En percevant donc les gestes d'autrui, je puis parvenir à connaître les phénomènes que mes semblables ont perçus dans le passé. Ces mouvements devenant des symboles qui nous mettent en relations les uns avec les autres, et ces symboles arrivant par simplification à être des paroles parlées et écrites, susceptibles de se transmettre au loin dans le temps et l'espace, je puis, grâce à eux, connaître des choses perçues par des personnes très éloignées de moi, ou qui ont vécu dans les siècles les plus reculés.

Pour une multitude de phénomènes, je connais par ma propre expérience les deux éléments constitutifs de tout mouvement ou de toute transformation : la cause et l'effet. A l'aide de l'expérience de mes contemporains et de celle de mes prédécesseurs, j'arrive même à connaître des causes qui ont agi et des effets qui se sont produits durant un laps de temps aussi long que la vie de l'humanité parvenue à l'âge actuel· Ma propre expérience ou celle des autres m'ayant révélé les rapports entre une foule de causes et d'effets, je n'ai qu'à observer l'existence actuelle de l'une de ces causes pour prévoir son effet dans un avenir déterminé, effet dont je dois l'idée à l'expérience passée ; il me suffit également de constater l'existence d'un effet présent ou passé, pour savoir qu'il a été précédé par une cause dont ma propre expérience ou celle d'autrui me fournit l'idée. Sachant ensuite, toujours par expérience, que les causes et les effets forment une chaîne continue, mes connaissances inductives s'étendent sans obstacle aussi bien dans l'avenir que dans le passé, en ayant constamment pour base et pour point de départ les perceptions effectives de mes sens (puisque c'est toujours eux qui me font connaître et utiliser les perceptions de mes semblables).

Parmi les phénomènes du passé que j'apprends ainsi à connaître, se trouvent aussi ceux qui ont rapport à la naissance et au développement de l'homme comme espèce et comme individu.

L'expérience me prouve que tous les corps s'influencent réciproquement ; qu'une modification quelconque survenue dans l'un a pour cause unique l'influence de tous les autres, et que le corps humain n'échappe pas à cette règle. Exposé aux influences multiples des corps environnants, le corps humain s'est modifié graduellement ; ses organes et ses fonctions ont subi une continuelle différenciation, de telle sorte qu'après avoir revêtu les formes les plus humbles, il est arrivé au plus haut degré de la perfection organique existante. Le système nerveux, surtout, en se séparant insensiblement des autres organes du corps humain et en se différenciant continuellement, a pris avec le temps un très grand développement. Parmi ses subdivisions nous distinguons les organes dont les fonctions constituent les facultés intellectuelles et morales. Ces organes et leurs fonctions ont obéi à la loi commune: ils se sont fortifiés et développés par un exercice non interrompu (c'est-à-dire par la lutte contre l'influence extérieure), par l'accumulation des forces qu'une activité continuelle a procurées aux individus de chaque génération, par la transmission héréditaire des forces accumulées sous forme d'aptitudes organiques, intellectuelles et morales de plus en plus vastes.

Si j'observe l'individu, je vois qu'il récapitule pendant sa vie les phases par lesquelles a passé l'espèce. A l'état d'embryon, c'est à peine s'il a quelques rudiments d'organes et de fonctions purement physiologiques ; il n'y a pas trace de facultés intellectuelles et morales. Le développement graduel de l'organisme et l'apparition ultérieure des facultés élevées sont une conséquence des influences du dehors. Le monde extérieur agit spécialement par l'intermédiaire des nerfs qui servent d'organes des sens externes, tellement qui si ces nerfs ne sont pas encore formés ou ne fonctionnent pas, les corps environnants ne peuvent se mettre en communication avec le corps humain, et ne peuvent exercer sur lui cette influence qui engendre les sensations, les idées, les sentiments, etc. L'aveugle de naissance est privé des idées et des sentiments qui se rapportent à la lumière ; le sourd ignore tout ce qui a trait au son, et ainsi de suite pour tous ceux qui sont frappés d'une infirmité native quelconque. Un individu qui serait privé de tous ses sens n'aurait donc absolument aucune sensation, aucune idée, aucun sentiment et aucune volonté, bien que son cerveau eût des aptitudes innées pour toutes ces activités psychiques. La conclusion générale est que ce n'est pas mon *moi* qui crée le monde extérieur, mais que c'est plutôt le monde extérieur qui engendre, par influence, mon monde intérieur.

Les corps s'influencent réciproquement ; toute modification survenant dans un corps déterminé résulte de l'action exercée sur lui par les autres corps et de la résistance qu'il leur oppose à son tour : telles sont les données de l'expérience. Donc toute modification réalisée dans un corps a deux facteurs : l'influence extérieure provenant d'autres corps, et la résistance propre du corps modifié. La modification est, de plus, proportionnelle à l'action du milieu. Toutes ces lois générales s'appliquent naturellement au corps humain. Les influences du milieu, combinées avec la résistance des organes, déterminent tous les mouvements fonctionnels. Les influences extérieures qui agissent par l'intermédiaire des organes des sens, et la résistance de ces organes et du cerveau déterminent tous ces mouvements et modifications qui constituent les phénomènes psy chiques. Tout phénomène de ce genre a donc deux facteurs : une influence extérieure et la résistance des organes qui fonctionnent. Par suite, il est naturel qu'un phénomène psychique, qui se présente nettement et complètement dans ma conscience, soit accompagné de ces deux facteurs ; autrement dit, toute pensée a forcément deux éléments constitutifs : un objet et un sujet. L'objet est la conscience d'une influence déterminée exercée par un corps extérieur sur les organes de mon intelligence, et le sujet est la conscience d'une résistance ou une réaction correspondant à cet organe. Il m'est impossible d'extirper de ma pensée l'un de ces deux facteurs, sans l'arrêter par cela même ; tout comme je tenterais en vain d'empêcher l'influence extérieure exercée sur un corps, ou la résistance qu'il oppose, sans empêcher par cela même la production de la résultante des deux forces en collision.

Quoique l'on ne puisse confondre l'objet et le sujet d'une pensée, ce ne sont pourtant pas, comme cela semble, l'expression de deux choses de nature diverse. On ne peut pas, par exemple, établir, comme on l'a fait, en se basant sur leur distinction, l'existence de deux substances différentes, la substance matérielle et la substance spirituelle. Car, du point de vue objectif, les deux facteurs de l'intelligence expriment des forces qui sont en principe de même nature, et qui proviennent seulement de corps individuels distincts (corps qui influence et corps influencé) ; du point de vue subjectif, les deux facteurs de ma pensée sont des forces qui se produisent dans mon intérieur, sur un pied d'égalité parfaite, et qui paraissent se manifester dans ma conscience, l'une aussi bien que l'autre, avec le caractère d'une entière indépendance envers n'importe quel corps. D'un autre côté, je puis étudier objectivement, c'est-à-dire je puis poser comme objets de ma pensée les deux éléments de la pensée des autres. Autrement dit, le sujet de la pensée d'autrui devient objet de la mienne en agissant sur mon intelligence comme objet extérieur. Le sujet pouvant être traduit en termes d'objet, l'un et l'autre ont une nature commune. Il en résulte que, pour la recherche de la vérité, la voie objective a plus de valeur que la voie subjective. Un individu donné ne peut connaître, en termes de sujet, que sa propre personne, et encore à quelques points de vue seulement, tandis qu'en termes d'objet il peut directement connaître tout ce qui existe, excepté sa personne, à certains points de vue ; il peut, par conséquent, connaître de cette manière même le sujet de la

pensée des autres, d'où il conclut au sujet de sa
propre pensée. Or, la dissemblance et la ressemblance avec tous leurs degrés étant la base
de la connaissance, il est évident que ces rapports
seront mieux constatés lorsque nous soumettrons
tous les objets de notre connaissance au même
critère, à la même espèce de comparaison, à la
même mesure. Par rapport à la découverte de la
vérité, la méthode objective est la seule qui convienne
à *toutes les recherches*, parce que toutes les choses,
y compris celles qui forment le sujet de la pensée des
autres, sont traduisibles en termes d'objet pour
la pensée d'un individu donné, c'est-à-dire peuvent
être appréciées au même point de vue, peuvent être
soumises à la même mesure, en vue de la constatation des rapports de dissemblance et de ressemblance.

Le principal résultat auquel me conduit la recherche de la vérité par la méthode objective, le voici :
toute connaissance, même celle de mon *moi*, n'apparaît dans mon intelligence que par une influence
et à la suite d'une influence exercée sur moi par des
choses qui se trouvent en dehors de moi. Conclusion,
l'existence même du *moi* présuppose l'existence du
monde extérieur.

Me voilà revenu à mon point de départ, alors que j'ai admis, provisoirement, la connaissance de mon *moi* comme indépendante d'autres connaissances, et comme base de toute recherche ultérieure. Les développements qui précèdent montrent comment toutes les connaissances se relient entre elles, comment toutes les choses témoignées par la conscience se présupposent l'une l'autre.

Nous avons vu ce qui doit être admis comme existant. Mais l'existence n'a pas, pour notre intelligence, une valeur constante et invariable. Elle se présente avec deux caractères, la réalité et la vérité, susceptibles de variations en plus et en moins. C'est pourquoi, afin de compléter la notion de l'existence, nous essaierons, dans les deux paragraphes suivants, de donner une idée précise de la réalité et de la vérité.

§ 2. — *La Réalité.*

Après avoir montré que, si les idéalistes nient la possibilité de connaître le monde extérieur, cela est dû en grande partie à l'emploi irrationnel du mot *phénomène* (apparence), au lieu, par exemple, du mot *effet*, pour désigner les impressions produites par nos sens sur la conscience, M. H. Spencer ajoute :

4

« Que veut dire le mot *réel* ? Telle est la question
qui gît au fond de toute métaphysique ; c'est parce
qu'on néglige de la résoudre qu'on ne fait pas dis-
paraître la dernière cause des vieilles divisions des
métaphysiciens. Dans l'interprétation du mot *réel*,
les discussions philosophiques ne gardent qu'un élément de la conception vulgaire des choses et rejettent
tous les autres ; elles créent la confusion par l'in-
conséquence. Le paysan, quand il examine un objet,
croit non pas que ce qu'il examine est quelque chose
en lui, mais que la chose dont il a conscience est un
objet extérieur ; il se figure que sa conscience s'étend
au lieu même qu'occupe l'objet : pour lui l'apparence et la réalité ne sont qu'une seule et même
chose. Toutefois le métaphysicien est convaincu que
la conscience ne peut embrasser la réalité, mais seulement l'apparence ; il place l'apparence au dedans
de la conscience et laisse la réalité en dehors. Il
continue à concevoir cette réalité qu'il laisse hors de
la conscience, de la même manière que l'ignorant
conçoit l'apparence. Il affirme que la réalité est hors
de la conscience, mais il ne cesse de parler de la
réalité de cette réalité comme si c'était une connaissance qu'on pût saisir en dehors de la conscience.
Il semble qu'il ait oublié que la conception de la

réalité ne peut être qu'un mode de conscience,
et que la question à considérer, c'est de savoir quelle
est la relation entre ce mode et les autres.

« Par réalité nous entendons *persistance* dans la
conscience, une persistance ou bien inconditionnelle
comme l'intuition de l'espace, ou bien conditionnelle
comme l'intuition d'un corps que nous tenons à la
main. Ce qui distingue le réel tel que nous le concevons, c'est le caractère de la persistance ; c'est par
ce caractère que nous le séparons de ce que nous
appelons non-réel. Nous distinguons une personne
placée devant nous de l'idée de cette personne,
parce que nous pouvons écarter l'idée de la conscience, tandis que nous ne pouvons pas en écarter
la personne quand nous la regardons. Quand nous
avons des doutes sur une impression qu'un objet
fait sur nous à la brume, nous y mettons un terme
si l'impression persiste après une observation plus
exacte, et nous affirmons la réalité si la persistance est complète. Ce qui fait voir que la persistance est bien ce que nous appelons réalité, c'est
qu'après que la critique a prouvé que le réel, tel que
nous en avons conscience, n'est pas le réel objectivement, la notion indéfinie que nous nous formons
du réel objectivement est celle d'une chose qui per-

siste absolument, sous tous les changements de mode, de forme ou d'apparence. Le fait que nous ne pouvons nous former même une notion indéfinie de l'absolument réel, excepté comme absolument persistant, implique clairement que la persistance est le critérium ultime de la réalité en tant que présente à la conscience.

« La réalité n'étant, pour nous, rien de plus que la persistance dans la conscience, que l'objet que nous percevons soit l'inconnaissable lui-même ou un effet produit invariablement sur nous par l'inconnaissable, cela ne change rien au résultat. Si, dans les conditions constantes de notre constitution, quelque pouvoir dont la nature dépasse notre conception produit toujours quelque mode de conscience ; si ce mode de conscience est aussi persistant que le serait ce pouvoir s'il était dans la conscience, la réalité pour la conscience serait aussi complète dans un cas que dans l'autre. Si un être inconditionné était présent dans la pensée, il ne pourrait être que persistant ; et si, au lieu de cet être, il y a un être conditionné par les formes de la pensée, mais non moins persistant, il ne doit pas être pour nous moins réel (1). »

(1) Voy. *Premiers Principes*, § 46. Traduction française.

Il y a, certes, beaucoup de vrai dans ce que dit M. Spencer, mais je doute qu'il soit parvenu à caractériser entièrement la réalité.

D'abord, M. Spencer semble n'avoir en vue que la réalité du monde extérieur, puisque, pour montrer la différence entre le réel et le non-réel, il dit que nous ne pouvons pas chasser de notre conscience une personne que nous regardons, tandis que nous pouvons en chasser l'idée de cette personne quand elle est absente. Mais cette idée qui fait partie de notre monde interne, quoiqu'elle n'ait pas, comme le dit M. Spencer, le caractère de la persistance dans la conscience, n'en est pas moins réelle comme simple idée. La persistance dans la conscience ne caractérise donc pas toute réalité, de l'aveu même de M. Spencer. Voyons si elle caractérise au moins la réalité du monde extérieur. Sans aucun doute, toutes les choses réelles du monde extérieur sont persistantes dans la conscience, quand elles se manifestent à nous dans des conditions *constantes* prouvées par la conscience. Mais dans des conditions *constantes* les illusions et les hallucinations *persistent* également à nous faire l'effet de la réalité ; car il nous faut toujours une vérification, une nouvelle perception au moyen d'un autre sens, un changement, enfin, dans les conditions de la perception, pour reconnaître que ce que nous avons cru d'abord être une réalité extérieure n'est qu'une illusion ou une hallucination. La persistance dans la conscience n'est donc pas précisément le caractère distinctif de la réalité.

Il faut, me semble - t - il, chercher ce caractère plutôt dans le témoignage, et surtout dans un certain genre de témoignage des sens externes-internes, source unique de la connaissance. Le sens interne, probablement multiple comme le sens extérieur, est le sens par lequel nous connaissons ce qui est, ou nous sentons ce qui se passe dans notre âme. Le sens extérieur, qui se subdivise en sens musculaire, sens de la vue, etc., est le sens par lequel nous connaissons ce qui est, ou nous sentons ce qui se passe en dehors de notre âme. Ceci admis, voyons quel peut être le caractère incontestable de la réalité.

Je crois que le caractère distinctif du réel est *l'accord simultané des sens du même individu touchant l'existence du même objet*, ou, ce qui revient au même, *la non-contradiction du témoignage d'un sens par aucun autre témoignage de ce sens même ou d'un autre sens.*

Pour vérifier cette hypothèse, examinons successivement : les connaissances que nous avons du monde interne, et celles qui se rapportent au monde externe.

a). *Choses du monde interne.* — Nous ne pouvons les connaître qu'à l'aide du sens interne; lorsque ce sens les témoigne d'une seule manière, nous les considérons comme réelles, parce que, quoique révélées par le seul sens interne, elles ne sont contredites ni par celui-ci, ni par d'autres sens, et que, par conséquent, l'accord de tous les sens subsiste quant à elles. C'est ainsi que possèdent le caractère de la réalité : la conscience, les sentiments, les sensations, les idées, etc., que nous sentons exister en nous. Mais on procède autrement quand il s'agit de savoir si les sensations et les idées que nous rapportons au monde extérieur correspondent, ou non, à des choses ou à des causes réelles existant dans ce monde. La question est alors résolue par l'accord ou le désaccord des sens extérieurs, les seuls par lesquels, directement ou indirectement, nous nous procurons des notions sur le monde extérieur.

b). *Choses du monde extérieur.* — Nous les connaissons par l'intermédiaire des sens extérieurs, les unes, comme le ciel, les étoiles, etc., au moyen d'un seul sens ; les autres, comme les plantes, les animaux, etc., au moyen de deux ou plusieurs sens

simultanément. Les hallucinations et les illusions,
dont nous parlerons plus bas, sont dues à la contradiction d'un sens par lui-même ou par d'autres sens
avec lesquels il concourt à la connaissance du même
objet : tandis que l'accord des sens nous donne l'impression de la réalité, soit que l'accord résulte du
témoignage constant d'un seul sens touchant l'existence d'un objet, et de l'impuissance des autres sens
à être impressionnés par cet objet, soit qu'il résulte
des témoignages concordants de plusieurs sens relativement au même objet.

Quand une chose extérieure produit en nous plusieurs sensations différentes au moyen d'un ou de
plusieurs sens, ces sensations sont autant d'éléments
de la représentation objective. Par chose extérieure
j'entends soit un objet individuel, soit une collection
d'objets individuels, ou une série de choses, ou enfin
tout ce qui peut être représenté dans l'intelligence
par une seule impression ou idée, particulière ou
générale. Mais l'unité de l'impression ou de l'idée
qui représente une chose extérieure, résulte du fait
que toutes les sensations se sont groupées pour
former une seule représentation intellectuelle. Supposons qu'une chose produise en nous quatre sensations a, b, c, d, qui constituent dans notre esprit la

représentation *a b c d* : ces sensations s'étant produites simultanément, une fois au moins, il suffit
ensuite qu'une seule se présente dans la conscience
pour que le souvenir des trois autres revienne dans
l'esprit et que toute la représentation *a b c d* se
reproduise. Quand, par exemple, nous regardons de
loin une maison que nous n'avons jamais vue, nous
ne recevons en réalité que la sensation optique d'un
plan coloré qui représente une des faces de la maison ; mais cette sensation unique réveille la représentation de la maison entière avec les éléments que
nous n'avons pas encore perçus : occupation d'un
espace à trois dimensions, vide laissé entre les murs
pour les chambres, consistance solide des matériaux, etc. Lorsque nous examinons un œuf d'oiseau,
en songeant à son origine, nous sentons immédiatement surgir en nous la série de causes et d'effets qui
relie l'œuf à l'oiseau. Si je considère un morceau de
bois qui brûle, ou me demande ce qu'il deviendra,
l'idée de sa transformation en cendres m'apparaîtra
comme un des anneaux de la chaîne des causes et
des effets, qui s'est ranimée dans mon esprit. Ces
exemples montrent que nous concluons de la partie
au tout, de la cause à l'effet, de l'effet à la cause, et
que nous connaissons ainsi le présent, le passé et

l'avenir. De plus, nous avons eu affaire à des objets réels. Il est vrai qu'un seul sens témoigne par la sensation a de l'existence de la chose représentée par $a\,b\,c\,d$; mais ce sens ne se trouve pas en désaccord avec les autres aussi longtemps que ceux-ci demeurant inactifs n'ont pas remplacé par autre chose les sensations a, b, c, d. Supposons, maintenant, que, la sensation effective a ayant réveillé la représentation $a\,b\,c\,d$, les sens dont dépendent les sensations b, c et d entrent en action, eux aussi, afin de vérifier la perception. Que va-t-il arriver ? Plusieurs cas sont possibles : ou bien les sens sentiront effectivement les impressions b, c et d, et alors le réveil antérieur de la représentation $a\,b\,c\,d$ sera confirmé comme conforme à la vérité; ou bien les sens sentiront des impressions nouvelles e, f, g en lieu et place des impressions b, c, d, et alors il sera clair que la sensation a nous a trompés en nous faisant croire que nous avons vu la chose $a\,b\,c\,d$, tandis que nous étions en présence de la chose $a\,e\,f\,g$; ou bien, enfin, les sens ne ressentiront aucune impression, et alors nous serons sûrs que la chose perçue en réalité n'a que l'élément a, et que, par conséquent, nous nous sommes mépris en lui reconnaissant les éléments a, b, c et d. Les deux derniers cas sont ce qu'on appelle une illusion.

Le réveil d'une représentation composée, dû à la reproduction partielle des sensations composantes, est un effet de l'habitude intellectuelle antérieurement acquise. Il suffit que l'esprit ait été forcé une seule fois d'unir en une même pensée les éléments *a*, *b*, *c*, *d*, pour qu'à l'avenir il soit enclin à reconstituer la pensée *a b c d*, chaque fois qu'il percevra un, deux ou trois de ces éléments ; car, grâce à l'exercice passé, cette opération demande moins d'efforts que n'en exigerait la conception d'une pensée entiè- rement nouvelle. C'est toujours en vertu de l'habitude que l'esprit, mis en demeure de choisir entre plusieurs pensées anciennes, s'arrêtera à celle qu'il a formée le plus souvent.

Le phénomène qu'on vient d'expliquer psycholo- giquement par l'habitude intellectuelle, s'explique physiologiquement par l'habitude organique. Quel que soit son mode de production, la sensation n'est en somme qu'une fonction, qu'un mou- vement d'un organe donné du système nerveux. Or si, pour obéir à une influence du dehors, quatre organes de ce genre exécutent simultanément, et à plusieurs reprises, quatre mouvements, *a*, *b*, *c*, *d*, qui leur sont imposés dans un ordre constant, il suffira, plus tard, qu'un seul de ces organes soit mû par une cause extérieure, pour que ses compagnons exécutent les mouvements qu'ils ont déjà exécutés tous ensemble. On sait qu'il n'en est pas autrement des autres systèmes d'organes. Les exemples abondent. Voici un pianiste, un danseur ou un ouvrier habitué à exécuter au moyen de plusieurs organes — les pieds et les mains — une série de mouvements dans un ordre donné : il ébauche un geste, le premier d'une certaine série ; aussitôt la série entière des mouvements automatiques se déroule sans aucun effort de la part de l'exécutant. Changez au contraire l'ordre des mouvements, ou imposez-lui des mouvements auxquels il n'est pas habitué, et vous verrez l'artiste ou l'ouvrier, si habile tout à l'heure, ne réussir qu'au prix d'un effort plus ou moins considérable. Rien ne justifiant l'exception qu'on ferait en faveur des organes cérébraux, il est naturel d'admettre qu'ils obéissent aux lois de l'association qui régissent, d'une façon si évidente, les autres organes. Voilà pourquoi nous n'hésitons pas à considérer l'habitude organique du cerveau comme un des facteurs principaux de la formation de nos idées et de nos pensées.

J'ai avancé que si, à la suite d'une seule sensation a, la représentation entière $a\,b\,c\,d$ a surgi, il est facile de la contrôler en ayant recours à la perception complète de tous les sens. Cette règle s'applique à tout ce qui est à notre portée ; et de fait, la vérification s'est tant répétée, et l'habitude a pris de telles racines, qu'une perception incomplète équivant à la réalité et ne laisse pas l'ombre d'un doute. La plupart du temps on ne songe même pas à s'en assurer autrement. On voit au loin une façade et on croit à l'existence de la maison ; un aboiement signale la présence d'un chien ; nous prononçons les mots écrits que nous lisons, en apercevant les premières lettres de chaque mot, etc.

Il y a toutefois beaucoup de représentations qui ne sont vérifiables qu'éventuellement, et il y en a d'absolument invérifiables par la perception complète. Distingue-t-on, par exemple, chez un malade les symptômes externes d'une lésion organique profonde ? on croit à l'existence du mal sans attendre l'autopsie. Trouve-t-on des fragments d'objets antiques ou des ossements fossiles? on croit, sans pouvoir s'en convaincre *de visu*, que les uns ont été jadis des objets entiers et que les autres on appartenu à des animaux. Le spectroscope indique-t-il, dans le spectre solaire, les raies caractéristiques du fer? on affirme qu'il y a du fer dans le soleil, etc.

N'oublions pas qu'il a été question, jusqu'à présent, des représentations rappelées avec la force qui caractérise la perception actuelle des objets extérieurs, je veux dire des représentations qui, tant qu'elles subsistent, nous font croire que nous avons devant nous, en tout ou en partie, les objets extérieurs représentés dans la conscience. M. Spencer appelle ces faits de conscience des représentations *vives*, pour les distinguer de celles qu'il appelle représentations *faibles*, lesquelles, n'ayant pas la vivacité des premières (hormis le cas exceptionnel de l'hallucination), ne nous font pas l'effet que les choses représentées sont à la portée de nos sens extérieurs. Toute perception vive s'affaiblit aussitôt qu'a cessé la perception effective de la chose représentée. Les représentations faibles se conservent et se réveillent dans la mémoire ; elles constituent presque tout le matériel de nos méditations sur la réalité. Mais pour que les représentations faibles, qui se rapportent au monde extérieur, nous fassent l'effet de représenter positivement des choses réelles, quoique absentes, il faut qu'elles soient la reproduction plus ou moins fidèle des représentations vives d'autrefois. Il s'ensuit que pour elles aussi l'accord des sens est le critérium de la réalité, accord qui n'est, bien entendu, qu'un simple souvenir, comme les représentations mêmes.

La reproduction plus ou moins fidèle des représentations vives par les représentations faibles est un effet de l'habitude acquise à l'occasion de la formation des représentations vives. Si l'on songe aux outils préhistoriques qui semblent avoir été travaillés par quelqu'un, on est certain qu'ils ont dû être confectionnés par des hommes, et pour leurs besoins, parce que la représentation vive qu'on a eue, dans une autre occasion, d'un instrument travaillé n'a été unie qu'à la représentation vive de quelqu'un. Puis, si les outils découverts sont, sous tous les rapports, de beaucoup inférieurs aux instruments modernes, on est convaincu que leurs auteurs étaient, eux aussi, de beaucoup inférieurs à nos contemporains, parce que, dans notre expérience, la représentation vive d'une œuvre imparfaite a presque toujours été unie à la représentation vive d'un ouvrier médiocre, ou tout au moins privé de moyens d'exécution convenables. Quand le télescope révèle dans les planètes la présence d'océans et de montagnes, on pense qu'il doit aussi y avoir à leur surface des êtres organiques ; et on assimile les forces physiques qui s'y trouvent à celles d'ici-bas. Rien n'empêche de s'éloigner de plus

en plus de la sphère d'action des sens, en se servant
d'hypothèses de plus en plus invérifiables par la perception immédiate. Dans toutes ces opérations mentales on ne fait que reproduire, par l'analogie et
l'induction, des représentations vives passées, plus
ou moins amoindries ou amplifiées, avec leurs combinaisons, leur enchaînement, etc. Mais l'analogie et
l'induction, n'est-ce pas, en définitive, la manifestation de l'habitude intellectuelle, ou plutôt de l'habitude organique, acquise par la répétition des perceptions effectives ?

Les représentations vives sont indépendantes des
représentations faibles, et rien ne s'oppose à leur
multiplication indéfinie : à une expérience nouvelle
correspondra toujours une représentation nouvelle ;
tandis que les représentations faibles, simples copies,
sont étroitement liées aux représentations vives. Toute
pensée composée uniquement de représentations faibles n'est valable qu'en tant qu'elle repose sur l'expérience passée, et toute hypothèse n'est admise que
sous réserve de vérification ultérieure. L'utilité d'un
contrôle croît à mesure qu'on s'éloigne des perceptions directes, l'action de l'habitude devenant
alors d'autant moins certaine. Ainsi, toute idée de
réalité extérieure dérive exclusivement de l'expé-

rience externe, c'est-à-dire des représentations vives.

Ce que nous avons dit des représentations extérieures s'applique aux représentations du monde interne. Toute idée de réalité relative au monde interne a sa source dans l'expérience interne, c'est-à-dire dans les perceptions du sens interne. Les représentations de ce sens n'ont, cependant, jamais la force des représentations vives, ce qui ne les empêche pas de se comporter exactement de la même manière.

Passons à l'étude des choses non réelles.

Ce sont les choses dont l'existence est affirmée par un sens et niée par un autre, ou affirmée par un sens à un moment donné et niée par ce même sens à un autre moment. Ces témoignages contradictoires se rencontrent dans l'hallucination et l'illusion.

L'*hallucination* se rapporte exclusivement à la perception externe. C'est la représentation vive de quelque chose d'extérieur, objet ou qualité, qui n'existe pas, ou qui tout au moins ne se trouve pas à la portée des sens. Telle est l'hallucination qui nous fait trouver amère une chose douce, celle qui nous fait sentir un corps inodore, celle qui nous fait entendre la voix d'un absent ou d'un être imaginaire. La perception réelle diffère de l'hallucination en ce que l'une a pour cause une excitation extérieure et l'autre une excitation interne. Il arrive que l'excitation produise des représentations vives extérieures entièrement nouvelles; mais en général elle se borne à réveiller les représentations faibles déjà formées par les perceptions passées ou par l'imagination, en leur attribuant la forme réelle des représentations vives. L'excitation interne dénote un état anormal ou maladif des organes des sens ou du cerveau ; elle accompagne aussi une préoccupation prolongée, l'explosion d'une émotion exagérée, etc.

Le rêve est une variété de l'hallucination. Né de l'excitation interne, il nous procure la sensation de la réalité, tant qu'il dure, exactement comme l'hallucination proprement dite.

Au début de l'hallucination, l'halluciné est ordinairement incapable de distinguer le réel du non-réel. Pour y parvenir il doit procéder à une vérification, soit pendant la durée de l'état anormal, soit après sa cessation, et en se servant de tous les sens, y compris le sens malade. Analysons l'hallucination optique d'un être apparent. Le fantôme a pour allié le sens de la vue, à ce moment-là ; mais il est combattu soit par le toucher qui ne palpe rien à l'endroit où est l'apparition, soit par l'ouïe qui transmet à l'halluciné les témoignages contraires des personnes présentes, soit par le sens même de la vue, indirectement, quand l'halluciné compare les perceptions optiques du moment aux perceptions du même genre antérieures ou postérieures à l'hallucination. L'halluciné en conclut que ce qu'il voit n'existe pas, du moment que les témoignages de ses sens sont contradictoires ; mais l'image contenue dans son cerveau existe comme réveil ou recombinaison de perceptions antérieures, comme effet réel d'une cause réelle, du moment qu'ici les sens ne contredisent rien. — La partie non réelle de toute hallucination est donc caractérisée par le désaccord des sens, en ce qui la concerne.

Nous arrivons aux *illusions*, que nous diviserons en sensorielles et intellectuelles.

Les *illusions sensorielles* sont celles qui ont leur origine dans les représentations externes. L'illusion sensorielle a lieu lorsque, tout en recevant l'impression réelle d'une chose extérieure, l'esprit crée une image vive amplifiée ou plus complexe, dans laquelle l'objet vraiment perçu n'est qu'accessoire. L'illusion tend à nous faire croire qu'il existe devant nous un tout de x éléments, tandis qu'il n'en existe que $x - a$, ou bien que ceux-ci font partie d'un autre tout, ce qui nous fait prendre une chose pour une autre. Il y a illusion sensorielle : lorsque le mirage nous montre une oasis là où il n'y a que l'image réfléchie de l'oasis ; lorsque, placés sur un bateau en mouvement, il nous semble que la rive se meut ; lorsque, entendant les accents douloureux de l'acteur sur la scène, nous croyons sérieusement à sa douleur, etc. — L'illusion sensorielle est donc, contrairement à l'hallucination, l'*effet* d'une excitation venue du dehors et qui s'exerce sur des organes des sens en parfait état. Seulement, la sensation élémentaire directement produite par l'excitation donnée s'unit, par l'effet de l'habitude, à d'autres sensations élémentaires qu'elle réveille dans la mémoire ; et ainsi se forme l'image d'une chose actuellement absente, mais qui a été déjà perçue ou qui ressemble à celles déjà perçues dans le cours d'expériences antérieures. Nous avons vu néanmoins que, toujours par ce procédé, — c'est-à-dire par une perception partielle complétée au moyen de sensations réveillées dans la mémoire, — peuvent aussi se former des images qui correspondent à la réalité ! C'est pourquoi il est impossible de savoir, à un moment donné, à moins d'une vérification préalable, si l'on a affaire à une illusion ou à une représentation réelle.

Il ne faut pas oublier que, si nous sommes en état

de reconnaître, presque à première vue, les illusions ordinaires (mirages, images des miroirs, etc.), c'est grâce à des vérifications souvent répétées. Toutes les fois qu'il s'agit d'une illusion d'un genre inconnu ou peu connu, nous sommes obligés de recourir à la vérification préalable, en nous servant de n'importe quel sens, y compris le sens trompeur. Soit une personne qui, pour la première fois, regarde une glace, et y voit sa propre image ou une autre. De prime abord, elle croira que derrière la glace, à la distance indiquée par la réflexion de la lumière, se trouve un être réel, c'est-à-dire susceptible d'être vu, touché, entendu, etc. Mais, dès que cette personne aura regardé derrière le miroir, ou aura palpé avec la main à la distance indiquée par la glace, elle s'apercevra que les témoignages des autres sens vont à l'encontre de sa première impression. Son esprit fera le raisonnement suivant : le corps qui semble être derrière le miroir n'existe pas, du moment que les sens ne sont pas d'accord sur son existence; mais l'image existe, comme simple image réfléchie d'un corps réel, comme une seconde perception du même objet, comme phénomène en corrélation avec un autre, en un mot comme un effet réel d'une cause réelle, puisque les sens ne contredisent pas ce point

5.

de vue. — Ainsi, comme pour l'hallucination, la partie non réelle de toute illusion sensorielle est caractérisée par le désaccord des sens à son sujet.

Les *illusions intellectuelles* sont produites par les représentations faibles, que celles-ci se rapportent à la perception interne ou à la perception externe. Ces illusions sont les erreurs conscientes ou non que l'on commet lorsque, partant de données expérimentales incomplètes, on aboutit à des conclusions qu'on n'aurait pas tirées si l'on avait eu des données complètes. Une observation interne incomplète nous fait croire que l'idée de l'espace est simple et irréductible. Le temps écoulé depuis un certain événement semble plus long qu'en réalité, lorsque nous nous rappelons trop d'événements successifs arrivés dans l'intervalle ; il nous paraît, au contraire, plus court qu'en réalité lorsque nous oublions tous les événements, ou la plus grande partie des événements intermédiaires. Lorsqu'à un moment donné, je ne me rappelle que les mauvaises actions d'un homme, j'en conclus qu'il est mauvais ; c'est une illusion intellectuelle que je rectifie dès que je me souviens que cet homme a aussi commis nombre de bonnes actions en sa vie. Un ignorant, qui ne connaît que l'organisation sociale de son pays et de son temps, conclut par induction

que tous les peuples du monde et de tous les temps
ne peuvent ou n'ont pu vivre qu'avec cette organisation sociale. Si notre homme se met à apprendre
l'histoire sociale des peuples anciens et modernes, il
reconnaît que son idée première était erronée, —
illusoire ; — il se convainc que, pour avoir une idée
juste de ce qui est et de ce qui n'est pas essentiel
dans toute organisation sociale, il faut s'enquérir de
ce qui est commun et de ce qui n'est pas commun à
toutes les sociétés humaines. A des illusions pareilles
sont soumis, dans toutes les branches du savoir, ceux
qui ne sont pas au courant de la science.

Le savant lui-même est sujet à l'erreur, quoique
toutes les données expérimentales de son temps lui
soient familières et que son raisonnement s'appuie
toujours sur l'induction et l'analogie. Après avoir
été reçues comme des vérités scientifiques générales,
ses conclusions seront condamnées lorsque la science
aura progressé, c'est-à-dire lorsque les données expérimentales , devenues plus nombreuses et plus variées, auront élargi la base des inductions à venir.
Voilà pourquoi les vérités qui sont du domaine de
l'expérience, — et il n'y en a pas d'autres, — n'ont
qu'une valeur provisoire : il appartient à l'expérience
future de les admettre ou de les rejeter. Les lois de la

logique et les vérités mathématiques font seules
exception, et cela parce qu'elles procèdent de données complètes fournies par toutes les expériences
possibles (1).

Outre les illlusions involontaires dont nous venons
de donner des exemples, il y a des illusions volontairement provoquées, et que nous savons être telles,
dès le début. Une chose étant donnée, chaque fois que
nous faisons abstraction de quelques-unes de ses parties pour porter toute notre attention sur le reste,
nous parvenons à tirer des conclusions fausses capables de nous donner, pour un moment, l'illusion des
vérités générales. Ainsi font quelquefois les écrivains
qui comparent des choses assez différentes : ils n'ont
en vue que le petit nombre des caractères semblables, négligent tous les autres et concluent, par
métaphore, à la ressemblance plus ou moins complète. Le poète concentre toute son attention sur
la ressemblance existant entre les sons produits par
une forêt agitée par le vent, et les gémissements ou
les murmures d'une foule ; il s'imagine momentanément que les arbres sont réellement animés, qu'ils
ressentent nos émotions et se les communiquent

(1) Voy. ma *Théorie du Fatalisme*, p. 208.

comme nous. Et les voyages fantastiques, entrepris à l'aide de moyens miraculeux, à travers les étoiles peuplées d'êtres extraordinaires? etc., etc. Les illusions de ce genre, et une infinité d'autres que nous n'osons pas toujours avouer, tant elles sont vaines, se produisent en nous par milliers, dans ces moments de rêverie qui ne sont pas rares dans la vie. Sous l'impulsion de différents désirs non satisfaits dans le monde réel, l'imagination nous transporte alors dans des mondes imaginaires qu'elle crée à seule fin de nous faire goûter toutes les félicités, au moins pendant les courts instants que dure l'illusion.

On le voit, toute illusion (intellectuelle ou sensorielle) a une partie réelle et une partie non réelle. La première contient le phénomène même de l'illusion, ainsi que les représentations données par l'expérience passée, qui servent de point de départ et seront confirmées par l'expérience postérieure; dans la partie imaginaire rentrent les représentations qui s'associent aux premières et qui sont contredites, soit à leur origine par d'autres représentations de l'expérience passée, soit plus tard par des représentations ultérieures. En un mot, la partie non réelle de toute illusion intellectuelle est caractérisée par la

contradiction des représentations expérimentales,
ou, ce qui revient au même, par la contradiction
des sens relativement à cette partie.

Dans les illusions sensorielles et les hallucinations
on distingue avec assez de promptitude et de préci-
sion ce qui est réel de ce qui ne l'est pas, car il
s'agit de sensations actuelles. Quant aux illusions intellectuelles, l'opération est beaucoup plus lente et
plus vague, vu qu'ici les sens se contredisent indirectement par des représentations faibles, c'est-à-
dire par des sensations formées et conservées plus
ou moins fidèlement dans la mémoire. Ensuite,
l'analyse des illusions intellectuelles sera d'autant
plus vague et plus difficile à faire, que les représentations faibles contradictoires auront une relation
plus indirecte et plus éloignée avec l'expérience
effective qui donne les sensations ou représentations
vives.

L'homme utilise les hallucinations, en vue de son
bonheur ; il leur est redevable de ses plus douces
jouissances. Parmi les hallucinations recherchées,
rappelons les rêves agréables du sommeil et les
mondes merveilleux contenus dans un grain d'opium
ou de hachich. Parmi les illusions du même genre on
compte celles qui accompagnent les rêveries, et sur-

tout celles qui sont l'essence des beaux-arts (1). Les illusions provoquées par les beaux-arts sont peut-être les plus importantes. Communicables à toute une

(1) Quoi qu'on dise, je suis convaincu que l'illusion est pour toute œuvre d'art un élément de premier ordre, faute duquel il n'y a point d'effets esthétiques. Une observation attentive nous apprend, en vérité, que toute œuvre d'art doit, pour être esthétique, remplir deux conditions, et il suffit qu'elle les remplisse.

1° *L'œuvre d'art doit réveiller dans l'esprit l'image de quelque chose qui ne se trouve pas dans le monde réel, et que néanmoins on désire d'une manière plus ou moins consciente.* Ce quelque chose doit donc satisfaire un désir provoqué et non satisfait par le monde réel. L'objet du désir est, d'habitude, un groupement ou une combinaison quelconque *symétrique* d'objets, d'êtres, de mouvements, de sons, de formes, etc., qui stimule l'esprit et le cœur et les repose tout en même temps, grâce à l'absence de toute contradiction ou contrariété, et qui satisfait, dans une certaine mesure, la tendance de l'homme à *symétriser*, à son image, le monde et son contenu. — Symétrique, l'organisme humain donne nécessairement lieu à des mouvements fonctionnels, physiques ou psychiques à tendances symétriques. Il est bien entendu que l'objet désiré n'est pas l'œuvre d'art même, mais le quelque chose qui n'existe pas et dont l'image se forme dans l'esprit sous l'influence de l'œuvre d'art.

2° *L'œuvre d'art doit produire non seulement la conception, mais aussi l'illusion de ce qu'on désire.* Car, d'un côté, ce que nous concevons comme non réel nous laisse entièrement indifférents, et, d'un autre côté, ce qui nous fait l'effet de la réalité pure nous émeut beaucoup, et peut même nous émouvoir trop. Entre ces deux extrêmes se trouvent les choses illusionnaires que nous croyons *pour un moment réelles*, et qui pour cela nous émeuvent ; mais comme notre croyance en leur réalité est faible et passagère, elles nous émeuvent moins, et, par cela même, souvent plus agréablement que le réel. En tout cas, du moment que nous cherchons en vain dans le monde réel l'objet de nos désirs, nous devons être heureux de le rencontrer dans le monde imaginaire. Mais

société, elles servent à l'éducation esthétique de la
foule et resserrent les liens sociaux par l'unification
des sentiments.

pour que l'objet désiré fasse illusion, il est nécessaire que
l'une de ses parties soit prise dans la réalité, et cette partie
constitue l'œuvre d'art. En d'autres termes, l'œuvre d'art
consiste dans un groupement d'éléments sensibles pris dans
le monde réel, et combinés de telle sorte qu'ils rappellent
des représentations appropriées auxquelles ils s'unissent par
l'habitude intellectuelle, pour former ensemble l'image vive
de l'objet désiré.

On range au nombre des arts qui utilisent l'illusion sensorielle en reproduisant, avec le concours d'un ou de plusieurs
sens, un des aspects du monde réel : la peinture pour la
vue ; la sculpture pour la vue et le toucher ; la musique
pour l'oreille ; l'art dramatique pour la vue, l'ouïe et le toucher, etc. Les arts qui se servent de l'illusion intellectuelle,
la poésie par exemple, réveillent d'abord le souvenir de sensations réelles jadis perçues, et les disposent ensuite de façon
à entrer dans de nouvelles combinaisons. — L'illusion sera d'autant plus complète que l'œuvre d'art sera une copie plus exacte
de ce qui a été pris dans le monde réel, à tel point que mieux
vaut parfaitement copier moins d'éléments réels que d'en copier médiocrement un plus grand nombre. Un bon dessin qui
se borne à la reproduction fidèle de la forme est bien supérieur au tableau qui, outre la forme parfaitement exécutée du
reste, reproduirait aussi les couleurs du modèle, mais défec-
tueusement. Car, en faisant éprouver au spectateur une sensation formelle identique à l'impression que lui a laissée l'objet
réel, le dessin réveille immédiatement le souvenir des autres
éléments de la réalité, et les unit, par l'effet de l'habitude, à
la sensation de la forme dessinée. Au contraire, le tableau
manqué qui a la prétention d'être plus complet détourne
d'abord l'attention de la chose peinte et la fixe sur la mau-
vaise exécution du coloris, puis, faute d'identité entre la
copie et le modèle, la sensation coloriée n'est pas reliée aux
autres sensations élémentaires produites par la nature ; elle
ne réveille donc pas les sensations sœurs avec assez de force
pour que toutes ensemble puissent reconstituer d'emblée

Ayant terminé l'exposition des caractères de la réalité, jetons un coup d'œil général sur l'ensemble des choses réelles et non réelles.

L'observation attentive de nos connaissances nous convainc qu'il n'y a pour nous ni réalité ni néant absolus. Parmi les choses considérées comme réelles, il n'en est aucune contre laquelle on ne pourrait pas invoquer quelque considération tirée indirectement de l'expérience; et réciproquement, parmi les choses

---

l'image entière de la chose peinte. — Il est également facile de comprendre que l'illusion provoquée par l'œuvre d'art inspire au spectateur un intérêt proportionnel à la latitude qui lui est laissée de compléter l'image au moyen d'éléments, et de détails mieux adaptés à son goût et à son désir personnels. Le véritable rôle de l'artiste n'est pas de représenter tous les éléments de l'image qu'il veut provoquer dans l'esprit. Sa mission est de planter des jalons, pour ainsi dire ; de fixer le cadre dans lequel l'imagination, libre de se mouvoir, créera l'image voulue par les goûts et les inclinations du spectateur. Ainsi entendue, l'œuvre aura le double avantage de stimuler l'esprit artistique chez les autres, et de donner, en même temps, une direction, une unité, une symétrie aux créations imaginaires du spectateur. De cette manière, le génie d'un petit nombre d'artistes peut aider la foule moins bien douée à tirer tout le parti possible de la tendance à la rêverie si naturelle à l'homme.

Grâce à ces considérations, on s'explique pourquoi l'œuvre musicale, qui laisse tant de latitude aux imaginations les plus variées, produit, sur un nombre très grand d'individus, des effets beaucoup plus grands et plus fantastiques que les autres œuvres d'art ; et pourquoi, en revanche, une statue qui, lorsqu'elle est d'une seule couleur, copie déjà suffisamment la nature, déplaît quand elle reproduit aussi les couleurs du modèle, de telle sorte que l'imagination n'a plus rien à ajouter, à moins que ce ne soit le mouvement.

que nous regardons comme imaginaires, il n'y
en a pas une en faveur de laquelle on ne pourrait invoquer une considération tirée également de
l'expérience passée. Il existe, pourtant, une réalité et
une non-réalité relatives, en ce sens que l'existence
de certaines choses est affirmée par un nombre de
sens plus considérable, d'une manière plus directe,
et à la suite de perceptions plus souvent répétées;
tandis que l'existence d'une autre catégorie de
choses est affirmée par un nombre moindre de sens,
plus indirectement et à la suite de perceptions
plus rares. Partant de là, on peut établir une hiérarchie selon le degré de réalité, en commençant
par ce qu'il y a de plus réel ou de moins non-réel,
pour finir par ce qu'il y a de moins réel ou de plus
non-réel. Quelques exemples feront comprendre cette
gradation.

Au degré le plus haut de la réalité se trouve,
sans contredit, la conscience, c'est-à-dire le sens interne qui s'affirme par lui-même, et que corroborent
tous les sens externes, durant la vie entière, sans
autre contradiction que celle qui résulte de considérations hypothétiques très éloignées. Viennent, après,
la réalité du corps et la réalité de tous les objets
environnants. A un degré inférieur de réalité sont les

choses qui, vu leur éloignement excessif, leur exi-
guïté extrême ou autres circonstances, ne sont directement perçues que par un seul sens, ou qui, même
par ce moyen, ne donnent qu'une seule espèce de
sensations, — laissant présumer toutes celles que
nous ressentirions si leur objet était à la portée de
tous les sens. Tels sont : les fossiles, qui suggèrent
l'idée des conditions vitales des êtres organiques qui
couvraient le globe il y a quelques millions d'années ;
la lumière solaire, qui, à l'aide du spectroscope,
révèle la composition chimique du soleil, etc. Ici est
la limite entre le positif et l'hypothétique. En des-
cendant encore l'échelle des réalités, on rencontre
des choses de plus en plus hypothétiques et de moins
en moins probables; une vague ressemblance, qui
pâlit à mesure qu'on s'éloigne, les relie à peine à
l'expérience proprement dite. Nous sommes libres
de croire que les planètes et les étoiles même ont
des hôtes analogues aux habitants terrestres ; que,
partout où il y a de la matière, existent des organismes,
voire des intelligences; qu'au sein de l'éther universel
nagent des formes douées de qualités infiniment supé-
rieures, en corespondance avec leur milieu ; qu'il y a
des êtres qui nous surpassent tellement par le nombre
et la délicatesse de leurs sens, qu'ils connaissent, dans

ce monde et dans d'autres, des choses que nous ne pouvons même pas soupçonner ; que les habitants des espaces voyagent d'un monde à l'autre ; que pour eux la métempsycose est réelle, etc. Ces croyances et tant d'autres sont possibles, si, oubliant la partie illusoire des choses et reportant toute notre attention vers ce qu'elles ont de réel, nous créons, à l'image de notre monde et en relation directe avec lui, une infinité de mondes successivement ajoutés les uns aux autres ; on peut aller dans cette voie jusqu'à accorder le caractère de la réalité aux choses reconnues d'abord comme illusoires. Si c'est, au contraire, la partie illusoire du monde qui nous captive, alors l'analogie nous fait successivement déclarer illusoires l'ensemble des choses réelles, et, par l'élimination graduelle, nous resserrons de plus en plus les limites de la réalité jusqu'à l'anéantir complètement. D'une faible ressemblance entre l'état de rêve et l'état de veille on peut, par exemple, conclure que la vie est un songe. Chacun est libre de raisonner comme suit : Pendant mon sommeil je crois à la réalité de mes rêves et implicitement à la non-réalité de ce que j'ai vu quand je ne dormais pas, exactement comme, lorsque je suis éveillé, je crois à la réalité de ce que je vois et à la non-réalité de mes songes ; je n'ai, par conséquent, pas plus de droit pendant la veille de déclarer illusoire l'objet de mon rêve, que je n'en aurais pendant mon sommeil de regarder comme non réel ce que j'ai vu étant éveillé. La veille et le rêve se présentent donc à moi sur un pied d'égalité parfaite pendant leur durée ; et comme les sens me donnent des informations diamétralement opposées selon que je dors ou que je veille, il s'ensuit que les songes aussi bien que la réalité ordinaire sont un double tissu d'illusions. Ainsi, bien que je vive réellement, ma vie n'est qu'un long rêve périodiquement traversé par un rêve plus court aux instants que j'appelle sommeil, de même que dans ce dernier rêve s'emboîtent quelquefois un ou plusieurs autres rêves plus petits encore. Il est probable qu'en réalité je vis dans un monde autre que celui où je crois me trouver, et que je dors dans quelque coin du monde réel dont je ne me rends pas compte dans mon sommeil. Depuis mon assoupissement j'ai rêvé toute une épopée : je me suis senti tout à coup petit enfant, entouré de parents qui disaient m'avoir donné le jour ; j'ai eu une enfance, une jeunesse, un âge mûr ; je me suis vu en lutte avec les choses les plus dissemblables et avec des êtres plus ou moins méchants qui, heureusement, n'existent que dans mon imagination. Le rêve ira son train jusqu'à ce qu'une catastrophe l'arrête, c'est-à-dire jusqu'à ce qu'il me semblera que les choses et les êtres fantastiques qui conspirent contre moi m'auront porté un coup mortel; à ce moment, effrayé par le choc et par la survenance de la mort arrivée en songe, je me réveillerai, et, une fois rendu à la vie réelle, j'aurai l'occasion de raconter mon rêve à des personnes que j'aurai peut-être vues dans mon sommeil.

Quelque ridicules que soient ces hypothèses, elles sont pourtant moins illogiques que les spéculations de ces idéalistes capables de soutenir que le monde extérieur tout entier est une vaste illusion, œuvre de notre conscience; que nous vivons dans un monde réel entièrement différent du nôtre; que dans ce monde transcendant et réellement réel, des êtres ayant la conscience autrement constituée doivent se créer des illusions différentes des nôtres ; que là est possible et concevable ce qu'ici-bas nous croyons impossible, comme une matière sans espace, des effets sans causes, etc.; qu'enfin la conscience même peut être une illusion, et en particulier une illusion d'individualité que se ferait une portion non individualisée d'une substance infinie qui forme un tout infini et non divisé.

Par ces exemples, j'ai voulu montrer que toutes

nos impressions ont un double aspect : réel et illusoire. La chose la plus réelle semble quelque peu
illusoire, et, réciproquement, la chose la plus
illusoire paraît jusqu'à un certain point réelle. Cela
ne veut pas dire que le même objet soit à la fois réel
et non réel, ou qu'une dualité pareille soit admissible.
On croit toujours qu'une chose est exclusivement
réelle ou exclusivement illusoire, selon l'impression
reçue. Il va sans dire que les impressions passagères
sont ici hors de cause ; car, si une illusion peut faire
momentanément l'effet de la réalité, un changement
dans les conditions de la perception redresse l'erreur.
J'ai en vue les effets qui se répètent et qui prennent
de l'importance à mesure que la conscience s'étend
et se différencie, de sorte qu'on peut les envisager
comme le résultat de notre expérience tout entière.
Pour reconnaître les effets de ce genre et pour savoir
ainsi, dans un cas donné, si nous avons affaire à des
choses réelles ou à des apparences trompeuses, il
faut appliquer les deux règles suivantes :

1° Tout ce qui est directement donné par quelques
sens comme existant est réel, pourvu qu'il n'y ait pas
de contradiction entre les perceptions diverses de ce
même sens, ou entre celles-ci et les perceptions déri-
vant des autres sens. Au cas contraire, il y a illusion.

— Cette règle a été suffisamment expliquée et jus-
tifiée par ce qui précède.

2° Est réel tout ce qui résulte d'une expérience
indirecte, c'est-à-dire tout ce qu'on infère d'une
série plus ou moins longue d'inductions et d'analogies
qui ne sont pas en contradiction avec d'autres inductions ou analogies, que celles-ci se rapportent au
même sens ou qu'elles se rapportent à d'autres sens.
S'il en est autrement, c'est qu'il y a illusion. — Cette
règle est une extension de la première ; nous y join-
drons quelques réflexions.

Les idées ont pour source la combinaison des sensations actuelles, ou des sensations passées conservées dans la mémoire, ou des unes et des autres. Les
sensations actuelles, étant imposées à la conscience
par les choses qui impressionnent immédiatement
les sens, sont les premières à déterminer le mode
d'activité intellectuelle, en réglant les habitudes intellectuelles auxquelles doivent se conformer toutes
les autres combinaisons de sensations ; les sensations
passées ne se combinent entre elles ou avec les sensations actuelles que suivant le mode déterminé par
les combinaisons des sensations actuelles. Les créations les plus fantastiques de l'imagination ne con-
sistent qu'en sensations conservées dans la mémoire
et combinées en modes qui présentent quelque ana-

logie avec la manière dont se combinent les sensations actuelles. Il s'ensuit que l'expérience actuelle et effective des sens est en même temps la base de toutes les connaissances et le point de départ de toutes nos spéculations. Nous avons déjà montré que les caractères distinctifs de la réalité et de l'illusion s'effacent à mesure que l'objet de nos spéculations s'éloigne de cette origine ; ajoutons que la croyance à la réalité s'affaiblit dans la même proportion. Mais, à côté de cette lacune inévitable, il y en a une autre d'une importance théorique et pratique supérieure, et qui peut heureusement être comblée. Voici de quoi il s'agit. Si l'on prend comme base les sensations d'un seul sens, ou bien une seule catégorie de sensations d'un ou de plusieurs sens, et que de là on s'élève, d'analogie en analogie, jusqu'aux plus hautes spéculations, en n'interprétant les choses que par les sensations et en ne combinant les premières que de la manière dont se combinent les secondes, on arrive à des conceptions contraires à celles qu'on eût obtenues si on était parti des sensations d'un autre sens ou d'une autre catégorie de sensations. On peut de cette façon aboutir à autant de conceptions différentes du monde qu'il y a de catégories diverses de sensations. En partant des sensations visuelles, on peut croire que

6

le monde connu n'est qu'un aspect, qu'une apparence d'un monde réel inconnaissable en lui-même; que cette apparence est une création de la conscience, et rien de plus. En partant exclusivement des sensations tactiles, on peut croire que le monde est composé de choses qui se touchent, se heurtent, se composent, se divisent, choses connaissables sous tous les rapports et dans leur essence même. En partant exclusivement des sensations qu'occasionnent le rêve ou l'hallucination, on peut croire que le monde connu n'est qu'un rêve ou qu'une hallucination. On peut, en continuant de la sorte, construire une foule de systèmes unilatéraux. Ces systèmes sont évidemment inadmissibles du moment que chacun d'eux exclut tous les autres, et ce qu'il y a de faux dans chacun c'est précisément la partie qui est directement contraire aux systèmes voisins ; car, de même que la contradiction des témoignages des sens est pour les choses le signe de l'illusion, de même sont illusoires les conceptions spéculatives issues de sensations unilatérales qui sont contredites par des conceptions dérivées d'autres sensations, du moment que les témoignages indirects des sens ne sauraient prouver ni plus ni autrement que les perceptions directes. Puis, de même que les choses directement perçues ne sont réelles qu'en tant que, par rapport à leur existence totale ou partielle, les témoignages des différents sens ne sont pas en désaccord , de même les conceptions spéculatives ne correspondent à la réalité qu'en tant qu'elles dérivent de toute espèce de témoignages des sens, en tant qu'elles constituent la ligne commune où se rencontrent toutes les conceptions unilatérales dérivées des différentes catégories de sensations.

Comme conclusion générale nous dirons que, si l'on veut connaître la réalité et la non-réalité dans toute l'étendue de la sphère intellectuelle , si l'on veut en même temps construire un système rationnel des connaissances, on doit : mettre à sa base toutes les données de l'expérience effective, rattacher à ces données toutes nos conceptions spéculatives, et vérifier, enfin, jusqu'à quel point sont d'accord les données expérimentales aussi bien que les conceptions spéculatives, afin de tracer la ligne de démarcation entre le monde réel et le monde illusoire. Il est clair que ce système de croyances concordantes permet, lui aussi, de s'élever jusqu'aux plus hautes régions de la pensée ; seulement, l'effet de la réalité va en s'affaiblissant à mesure qu'on s'éloigne du point de départ ; plus on monte, et plus il est difficile de distinguer la réalité de la non-réalité.

Rien n'est plus facile, semble-t-il, que de coordonner toutes ses croyances en un système unique de connaissances. On rencontre pourtant fréquemment des hommes instruits, des savants qui ont un certain système en matière scientifique, en emploient un tout opposé dans les questions politiques, en prônent un troisième s'il s'agit de religion, et ainsi de suite. Combien de philosophes qui se conduisent dans la vie pratique comme s'ils ne croyaient pas à leur philosophie, et qui, en philosophant, pensent comme s'ils étaient complètement étrangers aux idées qu'ils appliquent journellement dans la vie pratique! Il n'est donc pas aisé d'embrasser simultanément l'ensemble de nos croyances pour les mettre en harmonie. En cherchant bien, chacun trouvera de temps en temps, dans quelque coin de son esprit, et parmi les plus insignifiantes, une croyance qui jure avec le système général de ses connaissances.

Nous avons démontré que la connaissance la plus certaine au sujet de la réalité est celle qui résulte directement ou indirectement des données concordantes de l'expérience entière, — c'est-à-dire tant de l'expérience personnelle, que de l'expérience qui nous a été transmise par nos ancêtres ou qui nous a été communiquée par nos contemporains. Il est incontestable que nos descendants découvriront des réalités nouvelles et qu'ils trouveront, par contre, bien illusoires une foule de croyances qui nous semblent aujourd'hui invulnérables. C'est que, sans compter l'héritage que nous leur léguerons, nos successeurs auront une expérience propre qui nous fait entièrement défaut.

En ce sens, et en ce sens seulement, nos connaissances ne cessent jamais d'être relatives.

§ 3. — *La Vérité.*

La vérité est la connaissance exacte de la différence entre les choses réelles et les choses non réelles; l'erreur est la confusion de ces deux catégories, ou le fait de prendre l'une pour l'autre. Tant que l'erreur n'est pas reconnue comme telle, elle passe, bien entendu, pour vérité et produit tous les effets de la vérité; reconnue, elle est remplacée par une autre croyance vraie ou fausse, immédiatement, ou après une série plus ou moins longue de recherches et de doutes. Aussi, ne reconnaissons-nous comme erreurs nôtres que nos croyances passées.

La vérité reconnue comme telle engendre un sentiment agréable, la certitude; l'absence de vérité

6.

nous laisse en proie au doute, qui nous torture. Et comme on cherche toujours à éloigner un sentiment désagréable et à lui substituer son contraire, on n'épargne rien pour chasser le doute rongeur et le remplacer par le plaisir qui accompagne la certitude. Deux voies conduisent à cette suprême satisfaction : l'une, la croyance, nous fait accepter, sans examen, toutes les créations de l'imagination, ou tout ce qu'une autre personne nous a communiqué oralement ou par l'intermédiaire de l'écriture; l'autre, la conviction, n'admet comme vrai que ce qui est effectivement perçu, ou ce qui dérive positivement des connaissances expérimentales, ou ce qui concorde avec celles-ci. Cela s'applique aussi bien à l'expérience interne qu'à l'expérience extérieure.

La voie de la conviction, considérée comme la plus sûre et généralement suivie par les savants contemporains, sera aussi notre guide dans cette étude. Résumons donc les règles éparses dans les différents paragraphes précédents :

1° *Les choses effectivement perçues par les sens externes ou internes sont distinguées comme réelles ou non réelles, selon qu'elles sont ou non d'accord, par rapport à leur existence, avec les témoignages des sens qui concourent à leur perception.*

Avec cette première distinction commence la classification. On range dans une seule classe les choses qui sont reliées par un rapport de ressemblance au point de vue des caractères de la réalité ; dans une seconde classe on met les choses qui ont en commun le caractère de la non-réalité et qui, par cela même, se distinguent des premières. A cette première division, surtout en ce qui concerne la réalité, succèdent d'autres subdivisions, qui se subdivisent à leur tour, et ainsi de suite. A mesure que nous analysons mieux les objets de nos perceptions, nous découvrons des ressemblances et des différences qui permettent d'introduire de nouvelles subdivisions dans la classification générale. La ressemblance ou la dissemblance des choses se rapportent à leur coexistence ou à leur succession dans l'acte de la perception, à leur quantité, à leur forme ou à leurs propriétés, à tous les éléments ou circonstances, enfin, qui nous sont révélés par les éléments et les circonstances de nos sensations. Juger, c'est tout simplement déclarer qu'une chose a ou n'a pas telles propriétés qui semblent l'accompagner ou lui manquer dans l'acte de la perception ; ou bien c'est dire que deux choses données ont ou n'ont pas en commun telle propriété, et, qu'à ce point de vue, elles doivent rentrer dans une même classe ou être

mises chacune dans une classe distincte. Par l'énoncé
d'une idée générale on ne fait qu'exprimer l'idée
d'une classe de choses qui se ressemblent sous quelque
rapport; et par l'énoncé de toute autre idée abstraite
on exprime un certain caractère par lequel toutes les
choses, ou quelques-unes d'entre elles, peuvent se
ressembler ou se distinguer. La classification est donc
le but de toutes les opérations intellectuelles.

2° *Les choses qui ne sont pas perçues effective-*
ment sont déduites par l'analogie ou l'induction
de celles qui sont effectivement perçues. Elles sont
ensuite distinguées en réelles ou non réelles, selon
que leur existence est ou n'est pas compatible avec
l'existence de l'ensemble des autres choses également
déduites par l'analogie ou l'induction des
choses effectivement perçues, c'est-à-dire selon qu'on
peut ou non les considérer comme déduites de la
totalité de l'expérience. Les mêmes règles servent
plus tard à ranger ces choses dans la classe des choses
effectivement perçues.

L'induction et l'analogie sont le résultat de l'habitude intellectuelle acquise et imposée pendant la
perception ; cela revient à dire qu'on pense les choses
inconnues exactement comme on est habitué à penser les choses connues par la perception. Ainsi, des

choses déjà perçues, on conclut aux choses encore
inconnues, mais qu'on peut percevoir dès qu'on
prend la peine de les vérifier. Des choses qui sont
le fruit de l'expérience d'autrui et que nous avons
vérifiées, nous concluons à l'existence de toutes celles
que d'autres personnes ont perçues et transmises
ensuite. Puis, des choses connues tant par notre
propre expérience que par l'expérience d'autrui,
on conclut aux choses qui ne sont qu'éventuellement connaissables, ou qui ne sont susceptibles
que d'une vérification indirecte et partielle, à cause
de leur éloignement dans le temps ou dans l'espace, par exemple. De ces dernières et de n'importe quelles on conclut, enfin, aux choses invérifiables et imperceptibles. On comprend que, si les
vérités purement expérimentales donnent une entière
certitude, les vérités dues à l'analogie ou à l'induction et qui n'ont pas encore été vérifiées n'offrent
qu'une certitude incomplète, et d'autant plus incomplète qu'elles sont plus invérifiables et plus éloignées
des données des sens. En d'autres termes, c'est toute
la série des hypothèses qui, par rapport à la certitude, varient depuis les plus probables jusqu'aux
moins probables.

Mais nous ne nous contentons pas des vérités

exclusivement expérimentales, qui ne nous révèlent
ni le passé lointain, ni l'avenir infini, ni les espaces
inaccessibles. Leur nombre restreint ne saurait
étancher notre soif de connaître, ni faire cesser les
tortures du doute. Voilà pourquoi les hypothèses les
plus probables, admises sous bénéfice de vérification, abondent au milieu des vérités scientifiques.
On est d'autant plus porté à user de l'hypothèse
qu'on sait que la plupart des vérités expérimentales
ont commencé par n'être que de simples conjectures.
L'hypothèse est une des phases nécessaires des recherches scientifiques. Bien plus, grâce à l'habitude,
on accorde pleine confiance à nombre d'hypothèses
non vérifiées, et la réserve faite quant à leur vérification devient purement platonique, si tant est qu'elle
ne disparaît pas radicalement de l'esprit. Ainsi,
nous sommes convaincus que les phénomènes natu-
rels, que nous avons toujours perçus de la même
manière, se répètent dans les espaces et les époques
qui ne sont pas encore ou qui ne seront jamais
accessibles à nos sens ; nous admettons comme les
nôtres propres, en leur accordant la même confiance,
les expériences et les recherches scientifiques que
d'autres ont faites en différents temps et lieux, et
qui nous ont été transmises oralement ou par l'écri-

ture, etc. On n'exclut absolument du nombre des vérités scientifiques que les hypothèses entièrement invérifiables qui constituent la matière première des beaux-arts et de certaines spéculations métaphysiques.

Une dernière opération dans la recherche de la vérité trouvée par l'analogie ou l'induction, c'est sa vérification ; ce qui conduit à cette troisième et dernière règle :

3° *Les vérités générales découvertes par l'analogie et l'induction sont rendues vérifiables par leur application pratique à des cas particuliers que la perception effective n'a pas constatés.*

Cette règle a pour forme logique le syllogisme, dont l'emploi constitue la méthode déductive, et qui conduit à deux résultats : d'abord, l'application pratique de la vérité découverte par l'induction et l'analogie, c'est-à-dire la prévision de ce qui va arriver dans l'avenir, soit de ce qui arrive à une distance inaccessible ou partout où il y a manque de perceptions directes ; ensuite, la validité ou la non-validité de la vérité, lorsque nous sommes en mesure de constater expérimentalement la réalisation ou la non-réalisation de nos prévisions.

Prenons comme exemple un syllogisme bien connu :

a). Tous les hommes sont mortels.

b). Cajus est homme.

c). Donc Cajus est mortel.

La majeure de ce syllogisme exprime une vérité universelle découverte par l'induction. Car, après avoir constaté par la perception effective que tous les hommes que nous avons connus sont morts à un certain moment, nous avons conclu par induction que les hommes qui sont encore vivants doivent également mourir ; grâce à l'habitude intellectuelle, nous avons assimilé l'inconnu au connu, nous avons mis dans la même classe les hommes que nous savons être morts et ceux que nous ne savons pas être morts, et nous avons déclaré qu'entre tous existe ce rapport de ressemblance *qu'ils sont mortels*. Mais enfin ce n'est là qu'une hypothèse, et, pour la vérifier, nous l'appliquons graduellement à tous les cas particuliers qui se présentent et sont compris implicitement dans son énoncé universel. Dans notre syllogisme, nous l'appliquons à l'individu Cajus, que provisoirement nous déclarons mortel, comme étant compris dans le nombre des individus que la majeure déclare mortels. Si cette conclusion se vérifie, si Cajus meurt, l'hypo-

thèse énoncée dans la majeure s'enrichit d'une des
vérifications partielles dont elle est susceptible et sa
probabilité augmente ; mais si, contre toute attente,
Cajus ne meurt pas, l'hypothèse tombe avec la conclusion, parce que la vérification prouve que tous les
hommes ne sont pas mortels. D'autre part, il se
peut que l'hypothèse soit confirmée par Cajus, mais
infirmée par Priscus. Il en résulte que la conclusion
peut être vraie quoique tirée d'une majeure fausse,
tandis que la majeure ne saurait être vraie lorsque
la conclusion est fausse. Par conséquent, ce n'est pas
la conclusion qui tire sa validité de la majeure, mais
bien la majeure de la conclusion. Le syllogisme ne
saurait donc conduire à des vérités nouvelles ; il aide
purement et simplement à vérifier les données de
l'analogie et de l'induction. C'est à quoi se réduit le
rôle de la déduction dans une logique scientifique qui
a la prétention de s'occuper de la découverte de
vérités réelles.

On peut, assurément, avec les partisans actuels
de la logique aristotélicienne, considérer la logique
déductive comme une science qui fait abstraction
du monde réel, et admettre que dans tout syllogisme
la majeure exprime *in hypothesi* une vérité absolue.
Dans ce cas la conclusion aura sûrement le sort de

la majeure : elle aussi ne sera vraie que *in hypo-thesi*. Autrement dit, une conclusion de ce genre contiendra une vérité logique qui peut en même temps ne pas être une vérité réelle. Une telle logique aux données conventionnelles (ressemblant dans son application à un jeu conventionnel de calcul, comme les échecs) n'est vraiment utile que lorsqu'il s'agit d'appliquer des vérités, des principes ou des règles de convention. Dans ces limites son utilité est grande. La dialectique emploie avec grand avantage le syllogisme en théologie, où il s'agit d'appliquer des vérités révélées par Dieu et acceptées sans restriction; en jurisprudence, où il s'agit d'appliquer des principes et des lois imposés par le législateur; en politique, en morale, en fait d'étiquette et en tout ce qui a trait aux rapports sociaux, alors qu'il est question d'appliquer des règles de conduite exigées par les mœurs et admises par tout le monde. On a alors à sa disposition des syllogismes infaillibles comme ceux-ci : Dieu a dit que tous ceux qui ne croiront pas à la vraie religion iront dans l'enfer; or un tel ne croit pas à la vraie religion, donc il ira dans l'enfer. Tout acheteur doit payer le prix de la chose achetée; or un tel est acheteur, donc il doit payer le prix. Tout citoyen qui sciemment fait tort à sa patrie, au lieu de la servir loyalement, est un traître infâme ; or un tel est convaincu d'avoir en telle occasion fait du tort à sa patrie, donc il est un traître infâme. Les gens mal élevés ne méritent pas d'être reçus dans la société des personnes bien élevées ; or un tel est mal élevé, donc il ne doit pas être reçu, etc. Dans tous ces syllogismes la vérité énoncée dans la majeure n'est pas découverte par l'induction ou l'analogie et acceptée comme une probabilité ; elle est au contraire volontairement créée et reçue comme une vérité absolue ; c'est pourquoi la conclusion, elle aussi, n'est vraie qu'en ce sens qu'elle est *voulue*. Il est vrai que l'analogie est quelquefois employée pour découvrir un principe nouveau qui n'est pas expressément imposé et accepté, comme la volonté du législateur en jurisprudence ou la volonté divine en théologie, là où cette volonté n'est pas explicitement exprimée ; mais, une fois ce principe découvert, on lui donne le caractère de vérité absolue, comme à tous les principes volontairement créés. Les choses se passent ainsi lorsque celui qui raisonne sur les principes est appelé à appliquer une volonté déjà établie. Lorsque par contre on s'érige en réformateur, en législateur ou en critique, et qu'on veut découvrir et établir dans l'ordre moral des principes plus conformes aux données expérimentales et à la nature des choses, c'est à l'induction et à l'analogie qu'il faut s'adresser, comme dans toute science naturelle.

La logique déductive est incontestablement de la plus haute importance pour la dialectique mise au service des principes créés par la volonté. Quand on songe que de tout temps l'activité intellectuelle a été presque tout absorbée par des discussions particulières ou publiques sur la religion, la morale, la politique, le droit, les mœurs et tout ce qui est du domaine des conventions sociales, on voit comment s'est établie la croyance illusoire que la déduction logique a la vertu de faire découvrir des vérités entièrement nouvelles. Cette prétention est d'autant moins fondée que, selon l'observation de Stuart Mill, la recherche déductive est une pure pétition de principes, puisque la conclusion cherchée est implicitement énoncée dans la majeure du syllogisme.

Passons maintenant à un autre ordre de vérités qui ne sont inductives qu'en apparence.

Supposons, par exemple, que nous voyons pour la première fois une maison construite toute en bois, et que ce sont cent morceaux de bois qui la composent. Examinons-la en détail. En prenant le morceau de bois n° 1 nous constatons par la perception effective les trois vérités suivantes :

a). Le n° 1 est en bois,

b). Or le n° 1 est une partie de la maison.

c). Donc une partie de la maison est en bois.

Cela fait, nous pouvons exprimer ces vérités dans un ordre quelconque et dire, par exemple :

c). Une partie de la maison est en bois.

b). Or cette partie est le n° 1.

a). Donc le n° 1 est en bois.

Notez que par la proposition *b* on ne fait qu'exprimer l'équivalence des deux autres propositions : on déclare que dans ces dernières on peut remplacer « le n° 1 » par « une partie de la maison » ou bien « une partie de la maison » par « le n° 1 », et que ces deux expressions désignent la même chose considérée à deux points de vue différents.

Après avoir fait cent raisonnements analogues pour cent morceaux de bois, nous les totalisons dans le raisonnement suivant :

a). *Le n° 1 est en bois, le n° 2 est en bois....., le n° 100 est en bois, ou, plus brièvement, les n°ˢ 1 à 100 sont en bois.*

b). *Or ces cent morceaux de bois constituent la maison.*

c). Donc toute la maison est en bois.

Rien n'est plus facile ensuite que de changer l'ordre indiqué et de dire, par exemple :

c). Toute la maison est en bois.

b). Or elle se compose de cent morceaux.

a). Donc tous ces morceaux, du premier au centième, sont en bois.

Ici encore la proposition *b* se borne à exprimer l'équivalence des deux autres.

Dans ce dernier raisonnement on peut se borner à l'équivalence d'une partie de la maison et dire :

c). Toute la maison est en bois.

b). Or le n° 1 est une de ses parties.

a). Donc le n° 1 est en bois.

Dans tous ces exemples les propositions qui s'unissent en un seul raisonnement ne découlent pas les unes des autres, en ce sens que l'une n'est découverte qu'à l'aide de l'autre, car elles expriment toutes des vérités également expérimentales; et lorsqu'on n'est plus en présence de l'objet perçu, il suffit de se rappeler une de ces propositions pour que, grâce à l'habitude, les autres se succèdent dans l'esprit avec le caractère de vérités constatées au même moment, par rapport au même objet. Ceci peut paraître évident pour les raisonnements ci-dessus, formés de propositions équivalentes sur l'espèce de substance d'une chose, du moment que leur nombre restreint leur permet de se présenter en bloc à l'esprit. Mais supposons que la perception d'une-seule chose nous suggère tant de propositions équivalentes que l'esprit soit incapable de les saisir dans leur ensemble et simultanément. Dans ce cas, le souvenir d'une proposition réveillera successivement le souvenir de toute une série de propositions équivalentes, jusqu'à ce qu'on arrive à une proposition qu'on n'a absolument pas eue dans l'esprit en même temps que la première ; de là l'illusion qu'elle est déduite de celle-ci, et non de l'expérience effective. Ce genre d'illusion est commun dans les recherches mathématiques ; car la mathématique est la science de la quantité, c'est-à-dire d'un élément qu'on rencontre dans tout ce qu'on peut connaître ou imaginer et qui, à l'occasion de la perception d'une seule chose, nous procure le plus grand nombre de propositions équivalentes.

En examinant, en effet, au point de vue de la quantité, un corps ou un assemblage de corps tous susceptibles d'être perçus, on peut, sans sortir de ces limites, découvrir et constater par la perception effective tous les rapports de quantité dont la connaissance forme la science mathématique. Constater ensuite des axiomes ou des théorèmes, effectuer des opérations c'est tout bonnement constater des quantités ou des rapports équivalents et leur remplacement l'un par l'autre.

Ainsi, — pour commencer par un axiome de géométrie, — si, entre deux points qui sont devant nous, nous faisons passer une ficelle très tendue et d'autres ficelles moins tendues, nous pouvons faire le raisonnement suivant :

a). *La ficelle la plus tendue entre ces deux points est la plus courte de toutes celles qui sont tendues.*

b). *Or la ligne droite entre ces deux points se confond dans sa marche avec la ficelle la plus tendue.*

c). *Donc la ligne droite est le plus court chemin entre ces deux points.*

Après avoir établi tous les axiomes par une mesure effective des dimensions, on passe aux théorèmes moins évidents, en se servant des mêmes moyens et on aboutit à des raisonnements comme ceux-ci :

a). *90 degrés égalent la somme des angles aigus du triangle rectangle que j'ai devant moi.*

b). *Or l'angle droit de ce triangle est aussi égal à 90 degrés.*

c). *Donc dans ce triangle l'angle droit est égal à la somme des deux autres angles aigus.*

Veut-on établir le théorème à l'aide d'autres théorèmes ou axiomes, on remplace la quantité « 90 degrés » des propositions *b* et *c* par une autre grandeur dont l'égalité, relativement aux deux autres grandeurs énoncées par ces deux propositions, est établie par deux théorèmes ou axiomes déjà vérifiés. En partant de quelques théorèmes ou axiomes soumis à la mensuration directe, on arrive ainsi, d'équivalence en équivalence, à formuler toute la série des vérités géométriques ; mais c'est toujours à la mensuration effective qu'on recourt pour vérifier définitivement ce genre de déductions.

Passons aux vérités arithmétiques. Voici plusieurs objets identiques qui sont à notre portée et dont nous pouvons faire des groupes que nous appelons 1, 2, 3, 4, 5, etc. Puis, en défaisant et en refaisant ces groupes, nous remarquons que :

$a)$. $1 + 1 + 1 + 1 = 4$
$b)$. Or $2 + 2 = 1 + 1 + 1 + 1$
$c)$. Donc $2 + 2 = 4$

Des raisonnements analogues nous conduisent à exprimer non seulement cette équivalence des nombres dans une même espèce d'opérations, l'addition, mais aussi l'équivalence de deux espèces diffé-

rentes d'opérations, telles que l'addition et la multiplication. Exemple :

$a). 6 = 2 \times 3$
$b). \text{ Or } 2 + 2 + 2 = 6$
$c). \text{ Donc } 2 + 2 + 2 = 2 \times 3$

En continuant de la sorte, on peut passer d'une
opération à l'autre et épuiser toute la science des
nombres sans faire autre chose que percevoir l'équivalence des nombres ou des rapports numériques.

Il est à remarquer que, dans tous les raisonnements
mathématiques dont j'ai donné des exemples, par les
propositions a et b nous avons constaté que deux
quantités différemment exprimées sont égales à une
troisième exprimée de la même manière, et la proposition c nous a fait voir que ces deux quantités
sont aussi égales entre elles. Bref, toute la science
mathématique se résout en une longue série de rapports quantitatifs équivalents que l'esprit ne saurait
tous embrasser d'un seul coup d'œil ; et les raisonnements qui font passer d'un rapport à un autre ont
tous pour formule : *Deux quantités égales à une
troisième sont aussi égales entre elles.* Mais c'est
la perception effective qui constate chaque égalité
en particulier.

On a montré jusqu'ici que les vérités mathématiques ont pour origine la perception effective exercée sur une ou plusieurs choses qui tombent sous les sens, et que, dans ces limites, ces connaissances s'acquièrent conformément à la règle posée au début de ce paragraphe.

En fait on va plus loin et on étend à toute chose la vérité qu'on a découverte dans la chose effectivement perçue. En s'élevant du particulier à l'universel, on dit que la ligne droite est toujours le plus court chemin d'un point à un autre ; que, dans tout triangle rectangle, l'angle droit est égal à la somme des deux autres ; que, partout où se rencontreront deux groupes de deux unités, ils formeront ensemble un groupe de quatre unités, et ainsi de suite. Ici c'est l'induction qui nous guide et nous appliquons la seconde des règles mentionnées.

Les vérités mathématiques, en tant que vérités universelles, sont donc purement inductives, et ce n'est nullement à la déduction que nous devons leur découverte. Elles se présentent, il est vrai, avec un tel degré de certitude qu'elles semblent se distinguer radicalement de toutes les autres vérités de ce genre ; mais il n'y a peut-être pas deux vérités inductives qui inspirent une certitude égale. A ce point de vue, les

connaissances puisées dans l'induction forment une
longue série à certitude décroissante, et les mathématiques n'ont rien de spécial, si ce n'est qu'elles
occupent le sommet de l'échelle. Les inductions
mathématiques sont, en effet, celles qui se vérifient
le plus souvent et le plus complètement, parce que,
sous la quantité se trouvant dans tout ce qui tombe
sous les sens, à chaque perception nouvelle, à chaque
moment de la vie on vérifie, bon gré mal gré, les
vérités mathématiques qui nous apparaissent probablement dès les premières perceptions ; de plus, on
retrouve à chaque pas tous les éléments d'une vérité
mathématique, de sorte qu'en passant d'une chose à
une autre, ce n'est pas un complément d'information
qui nous arrive, c'est une répétition identique qui
nous frappe. Viennent ensuite les autres vérités inductives qui se réfèrent à un nombre décroissant de
choses ou de propriétés et qui, plus rarement et
moins complètement vérifiées, se présentent avec
une certitude de plus en plus petite.

Arrivons à l'application pratique des vérités inductives, à la méthode déductive qui s'emploie, selon
la troisième règle, chaque fois qu'il s'agit de prévoir
l'avenir dans un cas donné, ou de découvrir quelque
chose d'inaccessible aux sens, à cause de l'éloigne-

ment, ou de vérifier en particulier ces vérités. Les conclusions syllogistiques inspireront une confiance proportionnelle au degré de certitude offert par les vérités inductives contenues dans les majeures. Ainsi nous aurons la plus grande confiance dans un syllogisme mathématique tel que celui-ci (je retranche la mineure par abréviation) : « Dans tout triangle rectangle l'angle droit est égal à la somme des deux autres; donc il en sera de même dans le triangle rectangle que je construirai à telle place. » Nous aurons ensuite une croyance moins absolue dans des syllogismes scientifiques pareils aux suivants : « La chaleur dilate tous les corps ; donc elle dilate tous les corps qui sont dans les étoiles. Tous les êtres organiques sont mortels ; donc nous sommes aussi mortels, etc. » On peut enfin descendre l'échelle des syllogismes de moins en moins convaincants, jusqu'à ce qu'on arrive à un raisonnement de ce genre : « Tous les hommes qui ont de grands nez sont intelligents; donc Cajus qui a un grand nez doit être intelligent. »

On a vu jusqu'ici comment les vérités mathématiques reposent sur la perception effective et l'induction. Il faut ajouter que l'analogie a aussi son utilité dans ces matières ; elle favorise par ses suggestions la conception de théorèmes, d'opérations et de calculs nouveaux. Quant à la déduction, elle a uniquement pour but, comme partout ailleurs, l'application et la vérification des vérités préexistantes. En résumé, la mathématique est, elle aussi, une science expérimentale ; elle est même la science expérimentale par excellence, puisqu'elle résulte de l'expérience de tous les jours, de tous les moments, puisque c'est elle qui renferme la plus haute dose d'expérience.

Ce qui a été dit des mathématiques s'applique également à la logique. La loi de l'incompatibilité des idées contradictoires, celle de la classification des choses d'après le principe de l'unité, celle de l'habitude intellectuelle, celles de l'induction, de l'analogie, de la déduction, etc., sont d'abord constatées comme de simples faits par la perception effective du sens interne, à l'occasion de chaque opération intellectuelle ; puis, en se répétant, ces faits sont inductivement élevés au rang de lois universelles, et nous croyons alors que c'est toujours conformément à ces lois que se feront nos opérations intellectuelles à venir, ainsi que les opérations mentales des autres hommes et de tout être intelligent.

L'expérience est donc la source plus ou moins éloignée de toutes les connaissances. De l'expérience dérivent les idées justes et les idées erronées, les idées obtenues par l'usage de la méthode expérimentale proprement dite, et celles qui ont suivi une autre direction. Les idées qui semblent innées ne sont en dernière analyse que des suggestions inconscientes de l'expérience passée. Il en est de même de celles qui nous paraissent inspirées par une force mystérieuse; rationnelles ou extravagantes, elles ne sont que le résultat d'une induction ou d'une analogie plus ou moins risquée, inconsciente ou oubliée. Cela donné, il est de toute nécessité, dans les recherches scientifiques, d'organiser la méthode d'investigations de telle manière que nos conclusions aient le plus de fondements possible dans l'expérience. C'est cette méthode, éminemment expérimentale et scientifique, que nous avons tâché de justifier dans ce paragraphe. Nous l'avons appelée la voie de la conviction, en lui opposant la foi ou croyance qui fait fi de l'expérience ou qui ne prend aucune des précautions tendant à garantir la légitimité des conclusions expérimentales. La foi nous fournit des idées qui dérivent également de l'expérience, bien que nous n'en ayons peut-être pas conscience, mais d'une expérience viciée, tronquée, incomplète : telles sont ces généralisations imprudentes qui ne reposent que sur quelques faits ou que

sur un seul, et qu'on eût évitées si l'on s'était sou-
venu des faits tout aussi connus qui contredisent les
bases de la première induction. Quand nous croyons
aveuglément aux témoignages d'autrui, qu'il s'agisse
de révélations divines ou'de recherches scientifiques,
c'est encore une généralisation précipitée de vérités
que nous avons constatées par nous-mêmes et qui
se trouvent dans les discours auxquels nous ajoutons
foi. Et cette généralisation est fautive en ce que nous
perdons de vue sur le moment même nos propres
observations antérieures, voire même certains faits
actuels contraires aux faits qui ont capté notre confiance. La méthode expérimentale est seule capable
de nous préserver des erreurs auxquelles nous
sommes fréquemment exposés par l'emploi de toute
autre méthode. Ce n'est pas que nous soyons exempts
de toute erreur, mais, en la suivant, les chances de
faillir sont réduites au minimum. Cette méthode
s'impose, en premier lieu, parce que toutes nos
idées, quelles qu'elles soient, découlent de l'expérience ; en second lieu, parce que c'est elle qui rap-
proche le plus nos idées de leur source commune,
et qui, dans les limites du possible, les fait dériver le
plus directement d'un plus grand nombre de faits.

Sans doute, la croyance formée en dehors de la

méthode expérimentale peut être vraie quelquefois, mais la plupart du temps c'est le contraire qui arrive ; d'autre part, nous venons de le dire, la méthode expérimentale elle-même ne nous empêche pas de commettre des erreurs qui sont découvertes et rectifiées par des expériences ultérieures. Mais, s'il en est ainsi, si les connaissances expérimentales elles-mêmes ne sont valables que sous certaines réserves, quelle est la valeur de la vérité que nous possédons ? Nous essaierons de répondre à cette grave question après avoir exposé en quelques mots les considérations qui peuvent engendrer le scepticisme en cette matière.

La certitude, avons-nous dit, est un sentiment agréable, le doute un sentiment désagréable. La certitude naît de la découverte de la vérité, et, en conséquence, on la distingue de celle-ci comme l'effet de la cause. De plus, on accorde une valeur objective à la vérité et une valeur subjective à la certitude. Tout bien considéré, il est pourtant à peu près impossible de séparer la vérité de la certitude, de façon à l'isoler entièrement. Il est clair que la vérité disparaît nécessairement pour nous ou se modifie en même temps que la certitude, du moment qu'elle ne se manifeste que sous la forme de la certitude actuelle ; à tel point que, par le fait même de

la disparition de la certitude, la vérité cesserait d'être
accessible, alors même qu'elle subsisterait malgré
l'effacement de sa compagne, c'est-à-dire que, si la
vérité existe indépendamment de la certitude, elle
est inaccessible par le fait même de cette indépendance. La valeur de la vérité qui nous est accessible
se confondant avec la valeur de la certitude, on peut
se borner à étudier cette dernière seule. En ne considérant les idées qu'au point de vue de la certitude,
ce qui frappe tout d'abord c'est leur manque absolu
de fixité et de permanence. Les idées au sujet d'une
chose donnée varient suivant les individus, les peuples,
les races, les régions habitées ; et les mêmes idées
se transforment avec le temps dans l'esprit du même
individu ou du même peuple par l'effet de l'évolution
ou de la dégénérescence organique. Un individu peut
même changer d'opinion d'un moment à l'autre sous
l'influence d'une incitation nerveuse, d'une maladie,
d'une expérience nouvelle, d'une argumentation différente, etc. On peut, je le sais, expliquer ce continuel
changement des idées en disant que chaque idée est,
dans chaque esprit, la résultante de plusieurs forces
données tant par la constitution du cerveau que par
le milieu qui entoure l'organe intellectuel, et que la
diversité des impressions venues du dehors, unie à la

variété des constitutions individuelles, doit se tra-
duire par une diversité dans les idées. Tel individu,
par exemple, se fait telle idée de telle chose parce
que n forces (dont un fort petit nombre seulement
constitue les raisons conscientes) concourent à la
formation de cette idée, et parce que lui-même a
en vue $n-a$ considérations. Que notre individu se
rappelle tout à coup une autre considération qu'il
avait oubliée et qu'il n'avait pas eue en vue, ou bien
qu'il acquière une nouvelle expérience, ou que quelqu'un lui procure une nouvelle information, ou qu'on
lui présente un argument nouveau qu'il accepte
pour une raison ou pour une autre : et il ne manquera
pas de changer d'opinion ou d'idée, parce que cette
fois les forces composantes seront au nombre de $n+b$,
et que lui-même aura en vue $(n-a)+b$ considérations. Il est permis, je le répète, d'expliquer ainsi la
diversité et la mobilité des idées, mais alors une
question se pose : si nous sommes exposés à changer
de croyances selon une foule de données qui se
présentent successivement et varient à l'infini, où est
la vérité vraie, et quand nous est-il permis d'affirmer
que nous la possédons ? On peut répondre que celui
d'entre nous qui aura le cerveau le plus développé
et qui connaîtra en même temps toute l'expérience

du passé sera en possession de la vérité dernière.
Oui, mais cette vérité à son tour ne sera dernière
que pour la génération actuelle, tout au plus ; car les
hommes des générations futures auront probablement le cerveau plus développé que le nôtre, et ils
ajouteront en tout cas, à l'expérience que nous leur
aurons léguée, des faits nouveaux dont la connaissance successive déterminera un changement succes-
sif dans les idées. Toutes ces considérations semblent
légitimer la conclusion sceptique, à savoir qu'*il n'y
a pour nous qu'une vérité : c'est que nous ne
pouvons en connaître aucune.* . . . .

. . . .

. . . .

Ici s'arrête le manuscrit de B. Conta. Le paragraphe
intitulé la *Vérité* est évidemment inachevé. Il serait
intéressant de connaître la conclusion de l'auteur à ce
sujet. Pour en donner une idée nous reproduirons ici
trois notes marginales de Conta écrites sur un exemplaire
de sa *Théorie du Fatalisme* qui lui avait appartenu
(p. 209-213). Les deux premières ne sont que le canevas
de notre texte des *Essais de Métaphysique.* On le recon-
naîtra sans peine. La troisième est très originale. Peu
de philosophes, croyons-nous, pousseraient le désinté-
ressement scientifique jusqu'à attirer l'attention sur les
contradictions et la relativité de leur propre système !

[*Note du traducteur.*]

Empreinte, idée, vérité, c'est une résultante de forces données. Un tel se fait telle idée de telle chose parce que n forces concourent à la formation de cette idée, et parce que l'individu a en vue $n-a$ considérations. Que cet individu se rappelle tout à coup une autre considération jusqu'alors oubliée, qu'on lui donne une nouvelle information, qu'on lui montre une autre vérité ou qu'on lui fasse acquérir une nouvelle expérience, et il ne manquera pas de juger autrement, parce que les forces produisant la résultante seront cette fois au nombre de $n+b$, et les motifs conscients au nombre de $(n-a)+b$. Si donc on change d'avis suivant les circonstances, qui peuvent varier à l'infini, où donc est la *véritable vérité?* ou bien quand peut-on dire qu'on la possède? Jamais, parce que tout varie éternellement.

———

On dit que mon système conduit au scepticisme. J'avoue qu'un certain degré de scepticisme existe dans mon système. Mais comme tout homme doit croire quelque chose (le sceptique même croit et admet comme vrai qu'il n'y a *rien* de certain), je crois aussi à la relativité de la vérité, et j'admets que, dans l'état actuel des cerveaux (du moins de mon cerveau), on ne peut reconnaître que mon système

comme étant le plus approprié (dans un autre langage on dirait le plus vraisemblable).

———————

On dit qu'il y a contradiction entre l'affirmation
de mon système et l'affirmation de la relativité de la
vérité. Oui, mais quel est le système qui ne contienne
pas de contradictions essentielles ? S'il en était autrement, un système infaillible convaincrait tout le monde
et ne serait jamais combattu, détruit, changé. La
seule différence, c'est que j'avoue mes contradictions
et mon impuissance à penser autrement, tandis que
les autres ne le veulent pas ou ne le reconnaissent
pas. D'ailleurs, d'après mon système, on peut expliquer la nécessité où se trouvent tous les systèmes
de ne pas échapper à des contradictions essentielles.
En effet, la différenciation progressive et changeante
du tissu nerveux, unie à la variété et à l'accumulation de l'expérience, apporte continuellement des éléments nouveaux et modifie les éléments anciens qui
concourent à la conception de l'idée. Faute d'éléments stables et en *équilibre permanent*, on ne peut
construire un édifice stable et *à l'abri des contradictions*, c'est-à-dire à l'abri des éléments destructeurs
qui sapent les fondements.

APPENDICE [1]

ESSAI DE MÉTAPHYSIQUE

PLAN DE L'OUVRAGE

CHAPITRE I

FONDEMENTS DE LA MÉTAPHYSIQUE

Section I. — Place de la métaphysique parmi les sciences.

Section II. — Principes fondamentaux : § 1. L'existence. — § 2. La réalité. — § 3. La vérité. — § 4. Le relatif et l'absolu. — § 5. La quantité, le nombre et l'infini. — § 6. La forme, la qualité et la substance. — § 7. La réduction à l'unité : 1), unité de l'entendement ; 2), unité de l'organe intellectuel ; 3), unité du monde.

(1) Les esquisses contenues dans cet appendice sont la reproduction textuelle des feuilles volantes trouvées dans les papiers de B. Conta. [*Tr.*]

CHAPITRE II

LE MONDE

CHAPITRE III

L'ATTRACTION ET LA RÉPULSION UNIVERSELLES

CHAPITRE IV

L'ASSIMILATION UNIVERSELLE

CHAPITRE V

L'ONDULATION UNIVERSELLE

CHAPITRE I

Section I

Nécessité de la métaphysique

La clef de voûte des connaissances considérées comme un *tout* (ensemble). Nécessité mentale de tout réduire à l'unité; c'est pour les sciences ce que l'idée générale est pour les faits particuliers. En vain se refuse-t-on à ne pas généraliser toutes les sciences, comme en vain se refuse-t-on à ne pas chercher à concevoir une idée générale pour les faits ayant un trait commun, car la généralisation revient avec d'autant plus de force qu'on la repousse plus violemment. Le caractère de la métaphysique dépendra de celui des sciences particulières (explication des groupes particuliers de faits ou des faits particuliers), et non réciproquement. Ainsi, tant que les faits seront expliqués par la volonté d'êtres anthropomorphes, la métaphysique

8

sera spiritualiste ; s'ils sont en *majeure partie* expliqués par la force inconsciente naturelle, la métaphysique sera matérialiste : l'induction d'après la majorité des faits, fluctuation, évolution de tous les systèmes dans les périodes respectives, etc., etc. — La
prétention des positivistes de discuter et de fixer les
limites du connaissable n'exclut pas la métaphysique ;
la prétention de ne pas s'aventurer au delà de ce
qui est certain (?) est respectable pour ceux qui
s'adonnent à une science particulière et ne veulent
pas sortir des *limites* naturellement déterminées de
cette science, dans le but même d'utiliser la *division
du travail* scientifique et de réaliser par là une plus
grande production de travail scientifique (la métaphysique étant une fabrique qui utilise les autres
produits comme matériaux) ; mais la prétention de
bannir de la science tout ce qui n'est pas expéri-
mental et *soi-disant certain* est ridicule et parfaitement naïve ; d'autant plus que les positivistes de cette
espèce s'abusent eux-mêmes en admettant comme
certain *(point de départ)* des hypothèses commu-
nément admises (dieu, réalité extérieure, force;
principe vital, âme, etc:), en considérant comme
piteusement métaphysique, c'est-à-dire risquées,
les théories qui s'en écartent. Ils admettent; par

exemple, en mythologie la théorie de la personnification des forces de la nature en s'efforçant de trouver la ressemblance de chaque morceau d'idole avec le détail d'un phénomène physique, tout en voyant que pour chaque mythologie il faut chercher d'autres ressemblances; et ils n'acceptent pas la théorie de la déification des hommes, tout en voyant que nous divinisons actuellement même les saints (à Rome), les prophètes, Christ Bouddha, etc, etc., le dieu suprême étant déjà fixé.

Section II.

Objet de la métaphysique.

Tout ce qui est *commun à toutes les connaissances spéciales* et en fait un tout harmonique :

1). Les éléments communs certains : cause, effet, quantité, force, etc. ;

2). Les hypothèses explicatives de tous les objets de connaissance humaine, hypothèses qui résultent le plus étroitement possible de la généralisation des lois et principes particuliers et qui expliquent le plus *intelligiblement* possible *tous les faits*, hypothèses variables avec la qualité des philosophes et la provision d'expérience ;

3). Le principe hypothétique unique qui est la clef de voûte, en réunissant les n°s 1) et 2).

§ 1. — *La vérité et la certitude.*

Certitude est l'opposé ou l'absence de doute, la vérité de l'erreur.

§ 2. — *Relativité de la vérité.*

1). On me dit et je me convaincs.

2). Gradation de ce que je classifie plus ou moins définitivement.

Légitimité de l'expérience, de l'induction, de la croyance, etc. Relativité : *dans le temps*, du commencement de l'humanité jusqu'à aujourd'hui le sens commun et la croyance de la majorité a varié et variera (par induction); *dans l'espace*, du plus *réel* (le moi) jusqu'au plus *illusoire* il y a une gradation insensible de la certitude à la vérité. Réalité de l'illusion et illusion de la réalité. Cercle vicieux indispensable J'exposerai donc *mon probable* (sceptique). C'est un peu de scepticisme, mais qui, au lieu d'être sottement circonscrit comme le positivisme, est élevé à toute la hauteur des connaissances. En ne tenant pas compte de la *gradation* dans la relativité du *certain*, on peut démontrer la non-existence absolue même du moi, ou bien l'existence certaine même de l'objectivité d'un rêve.

§ 3. — *Ce qui existe (pour moi).*

1). *Pour une autre conscience* que la nôtre : toute *possibilité ultra-transcendantale d'autres mondes* et même $2 + 2 = 3$, matière sans espace et sans temps, effet sans cause, etc.

2). *Pour notre conscience*, graduellement : *a*), le moi; *b*), la pensée avec son sujet et objet; *c*), notre volonté ou effort ; *d*), résistance extérieure à notre effort et réalité du monde extérieur ; *e*), expérience directe qui en résulte avec degrés divers de certitude; *f*), expériences indirectes par inférences : 1° vu $x + y$, vu x seul, mais je crois par induction $x + y$; 2° entendu dire x, vu y; entendu x, je crois par induction $x = y$. Donc possibilité du entendu dire, du devenir, du passé et de l'avenir.

§ 4. — *Réduction à l'unité.*

1). *Unité de l'entendement :* tout se réduit à la *classification.*

8.

2). *Unité de l'organe intellectuel*, expliquant la classification (mon hypothèse).

3). *Unité du monde*, résultant non pas de l'unité de l'organe qui se forme suivant l'impulsion extérieure, mais de l'unité de l'impulsion. Explication avec 1) et 2) et avec la différenciation de l'organe, vérifiée par l'expérience, qui est, comme je l'ai dit au § 3, une source de vérité et de croyance, tout comme le moi, etc.; donc on peut anticiper quand tout s'enchaîne et s'harmonise.

Le *seul infini*, sous forme de quantité, nombre, nous est absolument inconnaissable.

CHAPITRE II

LE MONDE

Unité du monde résultant de l'analyse psychologique : la *force seule* à laquelle se réduirait l'espace et le temps. Unité résultant de l'induction tirée de ce qu'on découvre toujours de la matière (éther) dans le soi-disant vide ; la *force seule* produisant l'espace et le temps par la *multiplicité* ou la *répétition* de l'impression sur l'organe sensitif. *Quid?* Le seul infini nous est inconnaissable (absolument) (chap. I, section II, § 4). La conscience peut exister dans les corps bruts et la liberté manquer à l'homme, parce que conscience et liberté sont choses qu'on ne peut prouver.

Valeur de nos connaissances.

En admettant le seul *moi*, il est ridicule de parler des *moi* des autres hommes. L'effort et la résistance prouvent le monde extérieur. Hypothèse des éner-

gies spécifiques et organicisme : la même impulsion
(la vapeur d'eau) peut produire différents mouvements suivant la construction de la machine. Oui, si la
machine est déjà fa par une force étrangère
(l'homme) à l'impulsion . trice. Mais lorsqu'elle se
fait au fur et à mesure p cette même impulsion,
c'est que, l'impulsion étan multiple et complexe,
chaque espèce composante cherche à se frayer un
chemin d'autant plus grand qu'elle a une plus grande
part dans l'impulsion initiale. C'e donc un réseau
de courants qui, par leur rencontre u contre-action,
produisent des effets organiques. ous les effets
(même les rêves) supposent des causes, des courants,
des forces dont l'action peut avoir commencé
depuis longtemps ; le doute ne peut s'élever qu'à
l'égard de la présence actuelle de la cause (si la chose
vue est, oui ou non, actuellement devant les yeux),
ou depuis quand agit la force qui produit tel effet.

Toutes les qualités des choses ne s'imposent pas
avec le même degré de certitude : il y a une gradation descendante depuis le *moi* jusqu'aux qualités
dites illusoires. — La vérité est relative seulement
quant aux impressions des individus, au nombre des
causes senties (différenciation) et au degré de certitude.

Les qualités infiniment nombreuses des choses sont-elles physiquement mélangées ou indissolubles ? La première hypothèse ser' concorderait avec la théorie matérialiste, la seconde avec la théorie des énergies spécifiques.

Histoire et évolution des sensations (insensiblement et graduellement). Le corps senti a parmi ses qualités la forme ; s'il disparaît en laissant sa place, sa forme seule reste. Toutes les formes possibles constituent l'espace, mais il est senti par l'intermittence de la présence et de la disparition des corps : on sent, puis on ne sent plus, mais on sent la possibilité de sentir encore un corps ; donc toute cette possibilité (l'espace) peut être remplie de corps. L'espace est infini, et le vide (l'absence de corps senti) est relatif en existant et en n'existant pas jusqu'à l'infiniment grand et l'infiniment petit.

Le temps est la forme du mouvement du corps senti ; lorsque le corps ne se meut pas, on ne sent plus le mouvement, mais la possibilité du mouvement, etc. L'arrêt du mouvement ou le repos est ce que le vide est pour l'espace ; mais, comme celui-ci, il est relatif, existant et n'existant pas jusqu'à l'infini.

Puisque nos sensations diffèrent seulement à cause des énergies spécifiques, le monde extérieur devrait

être invariable, homogène, immobile, car, du moment
qu'il change ou qu'il est hétérogène, il va sans dire
que l'effet doit être différent pour chaque impulsion
différente, même sur le même organe sensitif.

La *forme*, c'est l'*individualisation* d'une partie de
ce qui est infini, par exemple d'une partie du mouvement (en telle direction), d'une partie de la matière
(telles qualités distinctives), d'une partie de l'espace
(telles limitations), d'une partie du temps (telle durée
ou rapidité).

Le *nombre*, c'est la *quantité des individus*, et par
là même quantité *finie*.

L'infini est *informe* et *inexprimable par nombres*,
par conséquent irréalisable dans la conscience, at-
tendu qu'on ne peut concevoir que ce qui a forme et
quantité dénombrable ; ou bien, puisqu'on ne peut
rien concevoir sans forme ni nombre (marques du
fini), on ne peut concevoir l'infini.

Les *qualités* sont les éléments de la *forme*. La
forme d'un individu est unique et indivisible, mais
elle se compose de plusieurs éléments combinés
d'une manière déterminée. Les formes des corps
(individus-matière) ont le plus grand nombre d'élé-

ments, celles des localités (individus-espace) et des durées (individus-temps) le plus petit, peut-être parce que le temps et l'espace ne sont que des parties (qualités) du *tout* matériel.

Cause et *effet* sont les deux éléments d'un changement de forme.

Substance est ce qui subsiste sous plusieurs formes consécutives, ce qui ne change pas avec la forme. *Substance relative* est un ensemble de formes qui persiste malgré les changements de quelques formes plus générales, exemple : un morceau de cire (ensemble de propriétés ou formes chimiques, etc.), qui peut revêtir plusieurs formes géométriques. *Substance absolue* est celle qui subsisterait malgré *tout* changement de forme. Est-ce à dire qu'elle existerait même sans forme ? Prise par parties, elle est inconcevable, sans forme aucune, puisque nous ne pouvons concevoir le monde que par parties, par individus, et par conséquent avec une forme quelconque. Elle n'est donc sans formes que lorsqu'elle est prise en totalité, c'est-à-dire que l'infini, qui est inconcevable, est par là même sans formes. La substance absolue est donc le *tout infini*. Prise en parties, elle n'existe pas *en dehors* des formes. Donc, l'*ensemble des qualités* d'une chose constituerait (?) la substance même de la chose *individuelle*, puisque ces mêmes qualités *l'individualisent*, la *séparent* du tout infini (?).

L'*espace* et le *temps* existent comme *possibilités* de la matière. Ils sont infinis, parce que la possibilité de l'existence de la matière (de la juxtaposition des corps, du mouvement d'un corps dans une seule direction, de la persistance de l'état actuel, etc.) est infinie. Ils sont donc (?) des éléments du monde, des potentiels de la matière (?)..... Ils sont des négations (?). Mais toute négation dans le monde extérieur implique non seulement l'absence de la chose affirmée, mais son remplacement par autre chose toujours positive : le repos, l'obscurité, etc., ne sont pas des négations seulement du mouvement, de la lumière, etc., mais des choses ou plutôt des *états nouveaux* de la partie du monde qui était auparavant dans un état mobile ou lumineux, des états qui ont remplacé d'autres. On veut à tout prix que l'espace et le temps soient des négations ; soit, mais alors ils sont des états nouveaux du monde, ou bien des remplaçants de la force et de la matière qui sont, même à l'état positif de celles-ci, mélangés avec elles à un certain degré, de même que tout mouvement va de pair avec un certain degré de repos, que toute lumière se mêle à une certaine quantité (relatif) d'obscurité, etc.

La négation, même dans le monde intérieur, implique un remplaçant; car sans cela on pourrait concevoir l'absolu, en niant toutes les choses en dehors d'une seule.

NOTES DIVERSES

La note suivante paraît se rapporter au chapitre sur
l'attraction et la répulsion universelles. Le commencement et la fin de cette note manquent. [*N. du trad.*]   .

. . . .

...[Les molécules qui] se groupent donnent naissance
à un corps qui n'a pas de propriétés différentes de
celles d'une seule molécule constituante. Cela a lieu :
1° parce que ces molécules, tout en étant réunies, se
trouvent beaucoup plus éloignées les unes des autres
que les atomes d'une même molécule, de sorte que
l'action combinée des atomes d'une seule molécule
n'est pas sensiblement modifiée par celle des atomes
qui se trouvent dans les molécules voisines; 2° parce
que toutes ces molécules se trouvent à égale distance, et la preuve c'est que toute masse de *molécules
similaires* a la même densité dans toutes ses parties,
sans quoi elle se partage en autant de masses sépa-
rées qu'il y a de densités différentes; cela fait que
chaque molécule reçoit de tous les côtés des in-

fluences égales qui se font équilibre et se neutralisent réciproquement ; et 3° parce que les atomes étant groupés de la même manière dans toutes les molécules, le rapport qui existe entre les influences inégales des atomes d'une seule molécule reste invariable pour la masse entière ; seulement ses termes sont multipliés par le nombre des molécules réunies. C'est pour cela que l'ensemble des molécules ne change sensiblement pas de nature, sauf que son influence extérieure est plus intense, ce qui veut dire qu'il agit en général en raison de sa masse.

Ainsi donc, entre le groupement des atomes dans une molécule et celui des molécules similaires dans un corps, il y a cette différence-ci : Les atomes qui se groupent dans une molécule se trouvent à des distances très inégales, en ce sens qu'ils laissent entre eux des espaces vides très inégaux ; c'est pourquoi ils peuvent toujours se grouper de différentes manières, en prenant des positions relatives toujours différentes ; et à chaque groupement nouveau la molécule acquiert nécessairement des propriétés nouvelles. Il en est tout autrement du groupement des molécules similaires. Celles-ci se placent toujours à des distances plus ou moins éloignées suivant la densité des corps, mais toujours égales, en ce sens

qu'elles laissent entre elles des espaces vides toujours
égaux, ce qui fait que le mode de groupement est
nécessairement le même pour tout ensemble de
molécules similaires ; c'est pour cela qu'entre deux
ou plusieurs masses de molécules similaires il n'y a
de différence que celle qui résulte de la nature des
molécules constituantes. Pourtant, comme la régularité de groupement des molécules similaires n'est
pas toujours mathématiquement exacte, et comme,
d'un autre côté, les molécules d'une masse, malgré
leur régularité, n'agissent pas à la même distance
sur un corps extérieur, il en résulte une certaine
différence entre la nature chimique de la masse de
molécules similaires et celle d'une seule molécule
constituante ; et cette différence augmente avec l'irré-
gularité de groupement et avec le nombre des molécules similaires qui constituent la masse. La preuve
que cette différence existe, c'est que la manifestation
des propriétés chimiques, ou, en d'autres termes, les
combinaisons et les décompositions chimiques des
corps, ne s'effectuent pas également lorsqu'on opère
avec des masses grandes ou petites, régulières ou
irrégulières. Seulement cette différence est rarement
appréciable ; c'est pourquoi j'ai dit plus haut que le
groupement des molécules similaires, tout en n'étant

pas absolument sans effet sur les propriétés chimiques des molécules, ne change pas *sensiblement* ces propriétés.

Voyons maintenant plus en détail quelles sont les propriétés de la matière. J'ai dit plus haut que l'atome a deux propriétés essentielles, dont toutes les autres dérivent : 1° celle de se mouvoir dans l'espace ; 2° celle d'influer sur le mouvement des autres atomes. Maintenant, que l'atome se meuve par sa propre force ou que son mouvement soit modifié par un autre atome, c'est toujours un mouvement qu'il exécute. Donc, le résultat de toutes les propriétés de la matière se réduit, en dernière analyse, à un mouvement de l'atome dans l'espace, c'est-à-dire à son changement de place. On sait que, à toute cause de mouvement, on donne le nom générique de *force*. Mais, la cause du mouvement atomique n'étant autre chose que la propriété innée de l'atome de se mouvoir, on peut indifféremment appeler cette cause propriété ou force, et on peut, par conséquent, dire que la propriété première ou la force première de la matière est celle de se mouvoir dans l'espace. Mais, comme la propriété ou la force de l'atome se manifeste surtout par l'action de celui-ci sur les autres atomes, et comme cette action dépend de la distance qui sépare les atomes et de leurs positions relatives, on comprend qu'il y a autant de propriétés ou de forces secondaires et différentes de la matière, qu'il y a des modes différents de se mouvoir et de se ranger dans l'espace.

Tous les mouvements peuvent, quoique d'une manière très peu scientifique, être divisés en intérieurs et extérieurs. Les mouvements intérieurs sont ceux qui s'exécutent dans l'intérieur d'un corps sans que ce corps tout entier change nécessairement de place. Tels sont les changements de position des atomes dans l'intérieur de la molécule, et même les déplacements des molécules, c'est-à-dire leur éloignement ou leur rapprochement dans l'intérieur du corps. Tous ces mouvements ne sont pas perçus par nous comme des déplacements, parce que nos sens ne peuvent pas, à cause de leur petitesse, percevoir les atomes et les molécules qui se meuvent. Mais ces mouvements sont perçus par nous comme des changements de ce qu'on appelle vulgairement propriétés intrinsèques, c'est-à-dire des changements dans la manière dont nos sens sont impressionnés par les corps en repos. Tels sont, par exemple, le changement de température d'un corps exposé au feu, le changement de couleur de l'azotate d'argent qui a été exposé à la lumière solaire, et, en général, de tous les changements physiques et chimiques des corps. Dans tous ces cas il y a naturellement un changement dans la manière dont le corps exerce son influence sur les autres corps, y compris les organes de nos sens.

Les mouvements extérieurs sont les déplacements d'un corps tout entier, ce corps étant, bien entendu, assez grand pour être perçu par nos sens. Tels sont en général les mouvements mécaniques. Tous ces mouvements sont perçus par nous comme des déplacements à cause de la grandeur des corps ; mais en réalité ils ne diffèrent en rien des mouvements intérieurs. Bien plus, de même que le changement de groupement des atomes dans la molécule et le changement de densité des molécules dans les corps se font connaître par un changement d'influence sur les autres corps, y compris les organes de nos sens, de même aussi un nouveau groupement des corps volumineux se fait sentir par une nouvelle influence extérieure. Ainsi, un grand nombre de pierres amassées en un même endroit, un grand nombre d'hommes qui bâtissent une ville et vivent ensemble, un grand nombre de montagnes qui se soulèvent sur un petit espace, un grand nombre d'astres qui constituent un nouveau système solaire, exercent certainement sur les choses environnantes une influence bien différente de celle que ces corps exerçaient avant de se trouver réunis ; seulement cette influence d'ensemble peut, dans certains cas, à cause même de sa trop grande portée, ne pas être perçue par nos sens. Cela arrive, par exemple, lorsque nous nous trouvons trop près et trop influencés par un seul des grands corps qui constituent un groupe.

Toutes les propriétés ou les forces de la matière se divisent, plus scientifiquement, en chimiques et physico-mécaniques. Les premières sont celles qui dérivent du rapport qui existe entre les positions respectives et les distances qui séparent les atomes d'une molécule. Ce rapport, étant toujours le même tant que le corps ne change pas de nature, n'admet pas de plus ou de moins ; c'est pourquoi les propriétés chimiques sont, sauf les variations insensibles que j'ai signalées plus haut, invariables sous le rapport de la quantité. En effet, supposons qu'une molécule est constituée par cinq atomes rangés dans le même plan ou dans des plans différents, de telle manière qu'un atome se trouve au centre et les quatre autres se trouvent autour de ce centre, respectivement aux distances très inégales a, b, c et d :

si toutes ces distances sont multipliées ou divisées par le même nombre, c'est-à-dire si la densité de la molécule est uniformément diminuée ou augmentée, le rapport des atomes reste le même, et par conséquent les propriétés chimiques ne changent pas.

Les propriétés ou les forces physico-mécaniques proviennent probablement non pas du *rapport* entre les distances qui séparent les atomes d'une molécule, mais bien d'une égale augmentation ou diminution de toutes les distances qui séparent aussi bien les atomes d'une molécule que les molécules d'un corps. Elles doivent provenir, en d'autres termes, du degré de densité des molécules et des corps. Et comme la densité des corps peut être plus ou moins grande, les forces physico-mécaniques sont aussi susceptibles d'être plus ou moins intenses. C'est ainsi que le degré de l'attraction ou de la répulsion qui existent entre les atomes et les molécules, et, par conséquent, la cohésion d'un corps, correspond à son degré de densité. Il est probable aussi que le degré de chaleur, de lumière ou d'électrisation d'un corps correspond au degré de dilatation.

. . . .

La force réelle dans la société, c'est la cohésion inconsciente, tandis que la force consciente (vraie ou fausse) c'est l'idée de la force réelle qu'on *attribue* à l'autorité. Au commencement on obéit au chef, parce qu'il *s'impose* par sa force musculaire à un petit nombre d'individus qu'il peut vaincre. L'imagination exagère un peu cette force. On obéit au roi parce qu'il dispose d'une force invincible, immense (celle de son père, des dieux, etc.); on obéit aux lois parce qu'elles sont la volonté des dieux tout-puissants; on obéit aux lois libérales parce que l'habitude d'obéir est déjà héréditaire et parce que chaque individu sait que chaque autorité dispose effectivement d'une force réelle à lui opposer ; mais si un grand nombre d'individus s'entendent pour opposer une force suffisante, l'obéissance manque. — L'autorité monarchique, oligarchique, etc., n'ayant plus l'appui de la religion (force surnaturelle), ne peut plus se fonder que sur le consentement de tous (démocratie), guidés par leur intérêt bien entendu, leurs habitudes d'ordre et d'obéissance, etc. C'est donc la raison qui devient la force. Du moment que tel individu n'a plus une *force réelle* surnaturelle à sa disposition, les hommes *redeviennent égaux*, sauf quelques différences de force musculaire et de ruse. Donc *l'intérêt égal de tous*.

Le droit est l'effet anticipé de la force, ou l'effet direct de la menace de la force, ou *l'équilibre des forces conscientes* (imaginaires ou réelles). Les forces latentes résident dans les dispositions organiques héréditaires acquises par l'habitude pendant les siècles passés, et par le développement organique (progrès du principe de cohésion) de l'être qu'on appelle société humaine.

TABLE DES MATIÈRES

TOURS, IMP. E. ARRAULT ET Cᵉ.

www.ingramcontent.com/pod-product-compliance
Lightning Source LLC
Chambersburg PA
CBHW050011100426
42739CB00011B/2599